GUY DE FORESTIER

QUERIDOS MALLORQUINES

CLAVES DEL TRATO PERSONAL EN LA ISLA DE MALLORCA

DIBUJOS
DE
PERE JOAN

LA FORADADA

LES FONTS UFANES®
R. y J.J. de Olañeta, Editores
Apartado 296 - 07080 Palma de Mallorca

ISBN: 84-7651-222-8
Depósito Legal: B-7.881-1995
Fotocomposición de Ferrer Palma, S.L. - Palma
Impreso en Libergraf, S.L. - Barcelona
Printed in Spain

ÍNDICE

SEMBLANZA
DE GUY DE FORESTIER

—Llevo muchos años viviendo en Mallorca y he de reconocer que todavía me cuesta entender algunas de las reacciones de sus habitantes.

Mi amigo John W. pronunció estas palabras con semblante preocupado, en una reunión de amigos en la que se mezclaban extranjeros, mallorquines, y otros españoles. La frase no me extrañó, porque no era la primera vez que la oía; ni ha sido la última. A esta frase siguió una animada tertulia sobre el peculiar talante mallorquín. Por parte de algunos la tertulia no fue sólo animada: fue apasionada. Y como se hacía tarde y la pasión iba en aumento, a esa tertulia siguió otra y luego otra y otra. Nunca creí que el tema pudiera despertar tanto interés, pero en las siguientes reuniones hubo que poner coto al número de asistentes, por falta material de espacio y de tiempo, y algunos de los contertulios potenciales no llegaron a participar. Al cabo de un año habían pasado por la tertulia más de cien personas, entre las que no faltaron historiadores, antropólogos, sociólogos, sicólogos, periodistas, sacerdotes o escritores. Dos tercios del total eran mallorquines. Hay que decir que la mayor parte de los mallorquines que asistieron a las tertulias había pasado largas temporadas fuera de la isla, y los forasteros eran casi todos residentes en Mallorca.

Quizás el fenómeno más destacable entre las opiniones y las experiencias personales que este centenar largo de personas aportó fue éste: la impresión que los forasteros tienen acerca del carácter del mallorquín medio es sorprendentemente parecida, apenas se producen divergencias, y sus opiniones coinciden con las de los mallorquines que han vivido algún tiempo fuera de la isla. No hay razón por tanto para que no pueda hablarse de un **carácter mallorquín**, como se habla de un carácter británico o francés, aun dando por supuesto que no todos los individuos con esos pasaportes tienen por qué responder a sus respectivos prototipos.

Otra conclusión notable fue que, si bien es cierto que el mallorquín medio tiene una fuerte y bien diferenciada personalidad, circulan sobre el asunto algunos tópicos que han sido desmentidos en estas reuniones, y a los que se ha encontrado explicaciones, a veces sorprendentes. No es cierto, por ejemplo, contra lo que opinan algunos forasteros, que el mallorquín carezca de sentido del humor, o que sea mal comerciante, o que tenga un carácter «cerrado». Hace falta, simplemente, conocer el código, que a veces es ciertamente inusual.

A la vista de la gran cantidad de información, anécdotas y experiencias que iban apareciendo, alguien sugirió la posibilidad de escribir un libro. Y puesto que las ideas y opiniones habían ido surgiendo del grupo, había que decidir cómo se llamaría el autor. El nombre de Guy de Forestier se consideró adecuado, en atención a sus connotaciones fonéticas.

El libro trata de dar forma a un cúmulo desordenado de opiniones, en las que se mezclaba la seriedad bien documentada con la broma más punzante. La labor de selección de "qué y cómo" había que escribir ha dejado más cosas en el tintero de las que aparecen en el papel. Pero, aun tratándose de una simple recopilación de opiniones sin más valor que el testimonial, había que tratar de ser objetivo en lo posible, y eso obligaba a eliminar todo lo que albergara alguna duda.

Agradezco entre otras a las siguientes personas las impresiones o experiencias que en algún momento aportaron, sin que el hecho de que aparezcan en esta lista signifique que comparten todas las opiniones que el libro vierte:

G. Gelabert, N. Oliver, L. Garau, E. Pons, F. Hernández, C. Llompart, M. Oliver, P. de Juan, F. Mascaró, M. Llompart, E. Romaguera, T. Gayá, L. Mazorra, R. Beltrán, R. Arés, P. Romea, M. Garau, M. Cabellos, P. Labbé, H. Wilson, P. Joan, F. Cereceda, J. Palmer, G. Mudoy, C. Vich, C. Mosquera, P. Bernatas, A. Lazcano, A. Alemany, A. Fortuny, L. Ripoll, M. Truyols, J. Llull, C. Santandreu, R. Ferrer, C. Ros, M. Lladó, P. Montaner, M. Juan, I. Oliver, H. Guardans, A. García, M.G.-Delgado, J. Zaforteza, M. Salvá, M. Alemany, M. Socías, M.J. Muntaner, A. Garau, G. Quintero, F. Llanos, R. Londáiz, Ch. Londáiz, J.M. Sans, M. Checa, B. Bilbao, R. Llatjós, S. Strap, M. Quesada, B. Vidal, L. Alemany, C. Forteza, J.M. Seguí, M. Darder, M. Barceló, J. Enseñat, J. Llull, F. Puigcercós, E. Dengra, J. Coll, F. Coll, F. Orejudo, V. G.-Delgado, R. Segués, J. Gual, C. Serra, M. Vallés, T. Rotger, G. García, A. Segado, M. Alemán, J. André, C. Serrano, C. Hernández, M. Gelabert, F. Rosal, A. Sureda, L. Sampol, A. Asun, A. Ferragut, E. Checa, J. Creus, I. Garau, L. Cáceres, M. Goñi, A. Calafat, S. Barandiarán, L. Méndez, M. Salinas, F. Barceló, M. Catalán.

Y agradezco también la aportación de innumerables testimonios anónimos, tanto de forasteros que aquí residen como de aquellos mallorquines cuya visión crítica les permite, como ocurre en todas las culturas viejas y sabias, reírse un poco de sí mismos.

CARLOS GARCÍA-DELGADO SEGUÉS
Palma, 17 de mayo de 1994.

QUERIDOS MALLORQUINES

A Ligia

Robert Graves: «*¿Voy a vivir a Mallorca?*»
Gertrude Stein: «*(...) si eres capaz de soportar el paraíso.*»

«*(...) Se fueron a vivir a Mallorca porque era un lugar primitivo, no contaminado por la civilización.*»

(Patricia Higsmith,
El juego del escondite, 1966.)

«*No se es de un lugar porque en él se haya nacido, sino porque en él se haya quedado prendida la mirada.*»

María Zambrano

1. SER MALLORQUÍN

Hasta hace pocos años, ser mallorquín era algo absolutamente normal en Mallorca. Todavía recuerdo la época no lejana en que alguien señalaba con el dedo para alertar: «¡Mira, un turista!» Pero hoy en día la población foránea supera —entre turistas y residentes— a la de mallorquines, de modo que, si esta tendencia se mantiene, pronto nos sorprenderemos diciendo: «¡Oh, un mallorquín!»

Esta inversión en la población puede venir acompañada de una inversión cultural, y podría ocurrir que los viejos hábitos de esta isla mediterránea se vieran poco a poco desplazados por los de los nuevos invasores, a los que alguien ha llamado «los bárbaros del Norte»[1], haciendo alusión a sus costumbres, a veces algo toscas. Este calificativo es seguramente exagerado, pero no cabe duda de que en Mallorca existe un buen número de hábitos y costumbres ancestrales que responden a una sabia manera de vivir, calmada y placentera, y que están corriendo el peligro de irse tontamente al garete. Nada sería más lamentable. Sin duda nuestros visitantes del Norte tienen cosas que enseñarnos, pero sospecho que son muchas más las que tienen que aprender.

Se habla a menudo de que Mallorca fue un paraíso que está desapareciendo poco a poco. Pues bien, una de las partes del paraíso que sigue en pie es precisamente esa manera de ser, exasperantemente flemática, del mallorquín. Ser

---

[1] Luis Racionero: *El Mediterráneo y los bárbaros del norte*. Ed. Plaza & Janés, 1985.

mallorquín es ya uno de los retazos del paraíso que merecen ser preservados, de la misma manera que se protegen las casas o los monumentos.

Como ya le ocurriera a George Sand [1], el carácter mallorquín resulta en extremo peculiar a muchos visitantes (no sólo del Norte, sino también del Este y el Oeste), que no alcanzan a asimilar la sabia complejidad mediterránea. Este libro se propone un pequeño camino de acercamiento, que inicie al foráneo en la comprensión de un modo distinto de vivir y de pensar, y que puede reportarle placeres para él todavía insospechados.

Ser mallorquín es ya uno de los retazos del paraíso que merecen ser preservados...

He de decir que soy absolutamente escéptico en cuanto a las posibilidades de éxito de la empresa. Algunos de

---

[1] George Sand: *Un invierno en Mallorca*. Ed. L. Ripoll, Palma.

nuestros visitantes resultan muy obstinados, y seguirán prefiriendo un *bratwurst* a una *llengo amb tàperes* [1], una lancha *fuera-borda* a un *llaüt* [2], una autovía a una pequeña carretera, o el tener prisa al *tanmateix* [3]. Pero al menos podrá servirnos para decir, con cariño pero sin contemplaciones: «¡Mira, un bárbaro!»

Curiosamente, los hábitos mallorquines clásicos suelen caracterizarse por incrementar el placer de vivir sin coste económico alguno, y esto es quizá lo que los ha hecho impopulares en nuestra sociedad mercantilista. Hay que vencer también este prejuicio estúpido: ¡lo caro no tiene por qué ser mejor que lo barato!, e incluso hay cosas totalmente gratis que son preferibles a una odiosa moto acuática.

Si consigo que, después de leer este libro, UNA SOLA PERSONA acepte esta idea, me sentiré profundamente decepcionado; espero que sean algunas más, e incluso espero que «ser mallorquín» siga siendo en Mallorca y por algún tiempo, algo absolutamente normal.

GUY DE FORESTIER
Portocolom, agosto 1994.

---

1 «Lengua con alcaparras».

2 Típico barco mallorquín.

3 «Qué más da».

2. «ESTRANGERS, CATALANS I FORASTERS» *

Una de las sensaciones más intensas que recuerdo haber vivido a mi llegada a Mallorca, siendo niño, es la de estar en un lugar fuera del mundo, e incluso fuera del tiempo. Mis padres se instalaron en una casa a pocos kilómetros de Palma, cerca del mar. El aroma del jazmín se mezclaba con otros más penetrantes, a romero y a resina de pino. El mar se veía al fondo, entre los árboles. A lo largo de la mañana desfilaban los habituales proveedores: las frutas y verduras venían en un carro tirado por un pequeño asno, y conducido por una payesa risueña que cubría su cabeza con un sombrero de paja. El pan, recién sacado del horno, lo traía un chico montado en un triciclo. Luego venía otro carro con el hielo, y otro más, tirado por el propio vendedor, con el pescado del día. Ningún ruido deshacía la extrema placidez. Los periódicos locales apenas traían noticias del exterior, como si nadie estuviera muy convencido de que ese mundo existiera de verdad; y es que para entonces, a principios de los años cincuenta, pocos mallorquines habían tenido necesidad de constatarlo. Y los que, por alguna obligación, salían de la isla, no perdían nunca la conciencia de que el paraíso seguía allí, en el centro del mundo, y lo demás era periferia. Cuentan que un día, estando un mallorquín de visita en Madrid, entró en un restaurante, se sentó, y se le acercó el camarero:

---

* «Extranjeros, catalanes y forasteros».

—¿Qué va a tomar, el señor?

El mallorquín no lo dudó:

—*De primer, unes sopes, i de segon, un frit.*[1]

El camarero, perplejo, le interpeló tímidamente:

—Perdón, ¿el señor es... forastero?

El mallorquín frunció entonces su entrecejo, lanzó una mirada fulminante al camarero y exclamó:

—¿Forastero... YO? ¡Yo soy BIEN mallorquín!

Y apuntándole con el dedo, añadió:

—¡USTED es forastero!

—¿Forastero... YO?

El orgullo de ser mallorquín es algo que suele hacerse extensivo a todo aquello que nace y crece en Mallorca. Un día entré a comprar fruta en una tienda del centro de Palma y observé que había naranjas de dos clases: unas grandes y

---

[1] «De primero unas "sopas", y de segundo un "frit".

relucientes, y otras más pequeñas. Pregunté a la tendera sobre cuál era la razón de que las pequeñas fueran más caras, y contestó sonriente: «Es que son mallorquinas.» Comprendí enseguida que no había réplica para ese argumento.

Algo parecido ocurre cuando las abuelas aconsejan a sus nietas acerca de un posible noviazgo. Hasta hace pocos años —y todavía es así en muchas familias—, si la chica *(al·lota)* iniciaba relaciones con un forastero, el percance podía derivar en un verdadero conflicto familiar.

Todo esto es explicable porque Mallorca vivió casi aislada hasta mediados del siglo XX. Entre mis primeros recuerdos de Mallorca ocupa también lugar preferente una maravillosa cocinera, Margalida, que, además de hacer exquisitos *cocarrois,* contaba suculentas historias de su infancia en Binissalem, su pueblo natal. Recuerdo sobre todo una que conseguía dejarnos mudos: la del día en que, siendo ella adolescente, la llevaron a conocer el mar. El final de la historia cortaba el silencio como un cuchillo: «... muchos viejos murieron en el pueblo sin haberlo visto.»

Sin duda, para el mallorquín antiguo, el cosmos se dividía en dos grandes hemisferios: su isla, y el resto del Universo. Un payés de Alaró todavía me preguntaba hace pocos años: «*I què és més gran, Mallorca o fora-Mallorca?*»[1]

Aunque esta visión simplificada del mapamundi ha perdido vigencia, en Mallorca se sigue clasificando la población del *resto del mundo* en tres grandes grupos: cuando se habla de un *foraster* no se está hablando de cualquier forastero; se incluye en este grupo exclusivamente a los españoles no catalanes. Los catalanes *(catalans)* ocupan casilla aparte. Y por último están los extranjeros, *estrangers.* Cada uno de ellos merece distinta consideración, y las palabras *foraster* y *català* están cargadas de connotaciones que de-

---

[1] «¿Y qué es más grande, Mallorca o Fuera-de-Mallorca?»

penden en gran medida de las simpatías personales de quien las usa.

Ser *foraster* (como ser naranja valenciana) nunca estuvo del todo bien visto en Mallorca. La prevención del isleño frente a cualquier extraño se agudiza cuando se trata de un *foraster*, como si una imperceptible marca de desconfianza matizara sus actos y sus palabras.

Esto podría explicarse, simplemente, por alguna diferencia en sus códigos expresivos, lo que resulta manifiesto cuando el forastero, tratando de ser amigable, abre su cofre de intimidades. Este rasgo, que en principio es desinteresado y generoso, puede resultar incómodo al mallorquín, y la razón es simple: quien se comporta de manera tan confiada espera obtener una contrapartida equivalente (es decir, está dispuesto a su vez a oír asuntos personales), pero esto resulta incomodante en un lugar donde la intimidad personal es sagrada. Hablar de uno mismo se considera en Mallorca una inmodestia, y mucho más si lo que se cuenta son virtudes. Si es usted forastero, sea modesto, actúe con discreción, mantenga su elegancia personal sin estridencias, esté atento, y no haga proposiciones para mejorar cualquier cosa establecida, hasta tanto no conozca a fondo las muy variadas reacciones que su natural y espontánea actitud pueda causar.

3. «UEP, TURISTA!»*

En su trato con los extranjeros, el mallorquín siempre ha mantenido, por su parte, una discreta reserva. Contaba George Sand en *Un invierno en Mallorca:*

«La prudencia y la reserva es la tendencia predominante del carácter de los mallorquines. Los campesinos no os encuentran jamás en el campo sin intercambiar un saludo, pero si no os conocen y les dirigís una palabra más, se guardan muy bien de contestaros, aunque les habléis en su mismo dialecto. Basta que se tenga un aire extranjero para que os teman y se separen del camino para evitaros.»

Esto fue escrito hace más de un siglo, y hoy las cosas están cambiando. Pero el mallorquín mantiene, todavía hoy, su prudente discreción, y prefiere frecuentar sus propios ambientes a mezclarse indiscriminadamente con extranjeros. Existen bares o restaurantes a los que acuden exclusivamente los turistas, y resultan prácticamente invisibles a los mallorquines, por mucho que algunos de ellos gocen de vistas panorámicas. En otros, en cambio, como el bar *Bosch* o el restaurante *Vecchio Giovanni,* en Palma, se produce una notable mezcla de etnias y nacionalidades; pero incluso en estos sitios el mallorquín mantiene su cautelosa reserva. Esto resulta muy cómodo al visitante, que no se siente observado —como sí ocurre en Sicilia—, y puede hacer su vida relajadamente.

---

* «¡Hola, turista!»

Aunque buena parte de los mallorquines reivindica una manera de ser y de pensar propia, existe en Mallorca una corriente de opinión que ha tratado de encontrar en el comportamiento del mallorquín parecidos notables con el del catalán. Pero expresiones tan genuinamente catalanas como *«Clar i català»* o *«Anem per feina»*[1] resultan aquí como caídas de otro planeta, y nada en ellas recuerda la sinuosa calma de que disfruta el mallorquín. La laboriosidad es aquí la justa, y tampoco aquello de *«El català d'una pedra en fa un pa»*[2] es aplicable, quizás porque las cosas fueron en esta isla algo más plácidas, y no hubo necesidad de echar mano de dramatismo tan pragmático. En Mallorca se busca más el éxito vital por el placer de vivir que por el trabajo, y se tiene un concepto del tiempo más ligado al lento disfrute que a los resultados materiales del esfuerzo. Esta filosofía quedaba patente en el letrero que pendía de la puerta de una tienda en un día de verano; era uno de esos letreros que se venden ya impresos: CERRADO POR... (y ahí se añade, a mano, «vacaciones», «reformas», «defunción», etc.); en este caso se leía: *CERRADO POR... la calor.* Otro modelo de letrero —que sirve para irse de vacaciones— es aquel que dice: CERRADO HASTA... (y se añade «el 31 de agosto», etc); en una tienda de Portocolom le dieron un uso más cotidiano, y se leía: *CERRADO HASTA... más tarde.*

El catalán se diferencia también por su talante directo y expeditivo (*«Caixa o faixa», «Som-hi!»*[3]), que el mallorquín a menudo considera plebeyo y poco elegante. Nada se resuelve aquí de manera tan acelerada. Tener prisa no es una actitud socialmente aceptada, como tampoco lo es hacer una pregunta directa, y mucho menos contestarla.

---

1 «Clar i català»: claro y catalán. «Anem per feina»: manos a la obra.
2 El catalán de una piedra hace un pan.
3 «Caixa o faixa»: lo toma o lo deja. «Som-hi!»: ¡vamos!

No parece, pues, cosa fácil —he interrogado sobre esta cuestión a muchos catalanes que llevan tiempo en la isla— encontrar puntos de semejanza entre el carácter del mallorquín y el del catalán medio[1]. Y tampoco es fácil encontrar parecidos con el andaluz, con el que Mallorca comparte la historia de una intensa colonización musulmana.

La peculiar manera de ser del mallorquín parece por tanto distinta a la de sus dos últimos colonizadores —musulmanes andalusíes y cristianos catalanes—, lo que hace pensar que podría tener raíces propias, anteriores a unos y

---

[1] Es curioso que hasta hace pocos años las mujeres mallorquinas respondían, con escasas excepciones, a uno de estos seis nombres: Margalida, Magdalena, Joana, Francisca, Catalina o Antònia, y todavía ahora son los más frecuentes. Ningún mallorquín llama a sus hijas Montse, Mercè, Núria o Eulàlia, nombres tradicionales en Cataluña.

otros. La espectacular impermeabilidad que el mallorquín moderno ha mostrado ante las influencias externas podría haber existido ya en las anteriores ocasiones en que la isla fue ocupada, y tal vez los habitantes primitivos —que eran diestros en el lanzamiento de piedras con honda— desarrollaron desde buen principio una reticencia algo hostil —lo que es natural— hacia el invasor, y elaboraron un código cultural asimismo hermético, como un mecanismo de defensa más, alguna de cuyas características habría perdurado hasta nuestros días.

Los primeros extranjeros que eligieron Mallorca como residencia —siguiendo el camino del *Archiduque Luis Salvador de Austria*—, eran artistas o intelectuales que se instalaron en los bucólicos alrededores de Palma en los inicios del siglo. Llorenç Villalonga ironizaba en su novela *Mort de Dama* (1931) acerca de la visión conservadora con que la nobleza mallorquina de los años veinte acogió a los primeros extranjeros:

«A l'altre cap de la ciutat, als afores, p'El Terreno, per Gènova, es belluga un món colonial, compost de pintors, turistes i senyores que fumen. Són gents estranyes, que es banyen a l'hivern i viuen d'esquena a la religió. Fabriquen "cocktails" endiablats. Donen balls i tes. El barri antic fingeix ignorar-ho. Sense valor ni desig per a declarar-los batalla, opta per declarar-los inexistents.»

(Al otro extremo de la ciudad, a las afueras, por El Terreno, por Génova, se mueve un mundo colonial compuesto de pintores, turistas y señoras que fuman. Son gentes extrañas, que se bañan en invierno y viven de espaldas a la religión. Fabrican «cocktails» endiablados. Dan bailes y tés. El barrio antiguo finge ignorarlo. Sin valor ni ganas para declararles batalla, opta por declararlos inexistentes.)

Esta actitud de aparente indiferencia hacia cualquier acontecimiento extraño o novedoso es proverbial, ya se trate de pintores, señoras que fuman o turistas. Estos últimos acabarían degenerando en unos personajes dotados de cierta carga cómica, hasta el punto de que en los años sesenta se popularizó entre los mallorquines la expresión *«Uep, turista!»*, para saludar a un amigo en tono de burla.

4. «JA DIRÉ COSES»*
(EL LENGUAJE)

Si es usted extranjero, catalán o *forastero,* y piensa instalarse en Mallorca, acostúmbrese desde ahora mismo a una de las características más definitorias y sorprendentes de la cultura mallorquina: el lenguaje —ya sea escrito o hablado, entre amigos o entre desconocidos, en el amor o en los negocios— no es nunca directo. Podría decirse que si la prosa es aquella forma del lenguaje que trata de decir las cosas tal cual son, sin intrigas ni dobleces, y la poesía es en cambio ambigua, incluye el misterio, y es susceptible de interpretaciones subjetivas, los mallorquines emplean sistemáticamente el lenguaje poético. Nada de lo que usted diga o le digan debe ser interpretado literalmente. Las metáforas, las imágenes, las alusiones laterales, son moneda corriente en el habla de esta isla; y los gestos, las actitudes, las miradas o el tono de voz, más importantes que las palabras.

Existen expresiones que significan justamente lo contrario de lo que las palabras dicen: si alguien, por ejemplo, después de una negociación, se despide con la frase *«Ja diré coses»,* está diciendo, sin más, que la negociación está rota. *«Ja diré coses»* significa sencillamente «No me interesa y no hay más que hablar.»

Esta actitud podría estar relacionada con la habitual tendencia a rehuir el enfrentamiento directo, una de las cla-

---

* «Ya te contestaré.»

ves básicas de las relaciones sociales en Mallorca; se prefiere siempre una evasiva a la pequeña violencia de contestar con una negación. Lo curioso es que *ambos* interlocutores *saben* que la frase no significa lo que parece, pero aceptan llevar a cabo este protocolo de tácito acuerdo. Esto sorprende sobre todo —y podría parecer broma pero es rigurosamente cierto— a los hombres de negocios catalanes *(«Caixa o faixa»),* que creen volverse locos cuando tratan de interpretar las múltiples sinuosidades del código mallorquín. Por eso pocos de ellos acaban estableciéndose en la isla; sólo los que consiguen interpretar los recovecos del lenguaje pueden aplicar sus conocimientos profesionales con garantías de éxito.

Dicen los lingüistas que en el lenguaje existen significados denotados, que son los que aparecen en el diccionario, y otros connotados, que dependen sutilmente de cuestiones no evidentes o, a veces, inconfesables. El mallorquín es maestro en estas sutilezas y, si usted trata de hablar directamente *(«Clar i català»),* no está respetando una norma básica, y no obtendrá respuesta alguna o, si la obtiene, dé por seguro que en muchos de los casos se tratará de una evasiva para salvar la situación, pero carente de significado real. Una de las grandes fuentes de confusión y perplejidad entre los foráneos residentes en Mallorca deriva de la interpretación literal, y por tanto errónea, de esas respuestas-evasiva.

La pregunta directa es considerada como una pequeña impertinencia, sobre todo si se refiere a cuestiones relacionadas con la intimidad personal o, simplemente, a una información que el interrogado no desea airear, porque piensa, aunque se trate de una posibilidad remota, que podría perjudicarle. Muchas veces, por el mero hecho de recibir una pregunta directa, el interrogado considera que *si esa información interesa al de enfrente es que a mí no me interesa darla.* Esto genera una evidente desconfianza y por eso el mallorquín es eminentemente un observador reservado: valora celosamente cualquier tipo de información, lo que le lleva a estar siempre atento a recibirla, pero se muestra remiso a desprenderse de ella. Está siempre dispuesto a oír, pero no siempre a decir.

¿De dónde procede este hábito? No es probable que sea de la tradición catalana, donde la estructura del lenguaje es opuesta a toda ambigüedad, atiende casi exclusivamente a los significados literales de las palabras, y trata de obtener conclusiones de una manera lineal y directa.

La pregunta directa es considerada como una pequeña impertinencia...

Parece menos arriesgado, en cambio, apuntar la posibilidad de alguna relación con otras culturas mediterráneas que tuvieron fuerte impronta en la isla. Existe una canción rural, que se la he oído a *Madò Maria de sa Pobla,* cuya melodía tiene un aire totalmente árabe, mucho más próximo a las canciones norteafricanas que al cante *jondo* andaluz. La misma tonada se canta con diversas letras, y una de ellas dice: *«Me'n vaig anar no sé on i vaig "encontrar" no sé qui. Ell me va dir no sé què i jo no sé què li vaig dir.»* (Fui a no sé dónde y me encontré a no sé quién. Él me dijo no sé qué y yo no sé qué le dije.) Sin duda se trata de una broma campesina, pero es significativa, tanto la letra como la música.

Esta marcada tendencia a retener la información incluye la de no manifestar las intenciones personales respecto a cualquier asunto. En Mallorca era tradicional hasta hace poco que los noviazgos se prolongasen más de lo debido porque el novio no se decidía a manifestar a las claras sus intenciones, al tiempo que la novia mantenía una respetuosa discreción y tampoco hacía preguntas que pudieran introducir tensiones en la relación, que discurría así plácida e indefinidamente. Conocí a un óptico que mantuvo relaciones de noviazgo, sin compartir domicilio, durante más de cuarenta años. Lamentablemente la relación no acabó en boda porque el óptico murió antes de decidirse.

La indecisión, que deriva de un concepto ilimitado del tiempo, influye también en las formas expresivas del mallorquín, sobre todo si va unida a la poca afición a expresar un sentimiento. Tomar una decisión implica en efecto manifestarse, tomar bando, lo que equivale a significarse o ponerse en evidencia. Esta actitud, cuando se refiere a cuestiones sociales, es con frecuencia considerada como una vanidad y está muy mal vista; nada está aquí peor considerado que tratar de destacar por la razón que sea *(«I ara aqueix què vol»*[1]*).*

---

[1] Y qué querrá éste ahora.

No se sabe si es la ambigüedad en el lenguaje lo que ha acabado creando indecisión en la actitud o si es la indecisión profunda lo que se manifiesta lógicamente con un lenguaje ambiguo. Esto queda muy claro en el uso que el mallorquín hace del intermitente de su automóvil cuando conduce por la ciudad: si usted está acostumbrado a circular por otras ciudades europeas, incluyendo las españolas, observará que en ninguna de ellas se hace tan escaso uso del intermitente como en Palma. ¿Por qué esa obstinación en no emplearlo? ¿Es por indecisión? ¿Simple indolencia? ¿Espíritu ahorrativo? Conjeturo que no se trata de nada de esto; se trata sencillamente de un mecanismo automático del lenguaje: el de no proporcionar información gratuitamente.[1]

A menudo este rechazo instintivo a dar información se pone también de manifiesto cuando se marca un número de teléfono equivocado:

—¿Diga?[2]
—Hi seria na Margalida, per favor?

Y después de un tenso silencio en el que ambas partes han comprendido que ha habido un error, el receptor de la llamada pocas veces responde —como sería de desear— «Creo que ha habido un error», sino que sorprendentemente espeta:

—Qui és, vostè?

Llegado este punto, alguien que conozca el código se limita a decir «Perdoni» y cuelga sin más, pero yo a veces trato de ser amable y contesto:

---

[1] En los días calurosos de verano, el sistema de señales se ve además entorpecido por la «mano pendulona», todo un símbolo de la actitud sensual ante la vida.

[2] —¿Diga?
—¿*Estaría* Margarita, por favor?

—*Em dic Guy de Forestier.*
(Nuevo silencio).
—*Per qui demana?*
—*Margalida, per favor.*
(Pausa).
—*Margalida?*
—*Sí, senyor.*
(Silencio).
—*Quina Margalida?*
—*Margalida Fiol, per favor.*
(Un silencio más y... ¡Por fin!).
—*No hi ha cap Margalida, aquí.*

Como se ve, el receptor de la llamada, aun sabiendo desde el primer momento que se trataba de un error, no da la información (*No hi ha cap Margalida*) sin haber hecho antes varias preguntas acerca de la persona que ha llamado, lo que implica una actitud de curiosidad, pero a la vez de desconfianza, como si existiera una amenaza latente. En cierta ocasión la conversación tomó otros derroteros:

(...)
—¿Quién es usted?
—Me llamo Guy de Forestier.
(...)
—¿Por quién pregunta?
—Margarita, por favor.
(...)
—¿Margarita?
—Si señor, Margarita.
(...)
—¿Qué Margarita?
—Margarita Fiol, por favor.
(...)
—Aquí no hay ninguna Margarita.

—Digui?[1]
—Hi seria en Jacques Maisonneuve?

Y después del consiguiente silencio y con voz tajante:

—Els teus collons.
(Y colgó).

Naturalmente, éste era un caso excepcional.

Como se habrá observado, el uso del condicional para hacer la pregunta (*Hi seria...?*) tiene la finalidad de evitar la pregunta directa, que se considera poco respetuosa, al tiempo que parece sugerir al interlocutor la posibilidad de utilizar cualquier excusa para salvaguardar la intimidad personal.

—¿Qui és, vostè?

Tampoco se extrañe si alguien le obliga a repetir una pregunta, por elemental que sea. La desconfianza respecto al significado exacto de cualquier pregunta deriva de la habitual ambigüedad del lenguaje, y si la respuesta lleva apa-

---

[1] —¿Diga?
—¿*Estaría* Jacques Maisonneuve?
(...)
—¡Tus cojones!

rejada una acción inmediata, se exige siempre una corroboración:

—¿Qué va a tomar?
—Café con leche, por favor.
—¿Con leche?

Cuentan que un día entró una apresurada señora catalana en una mercería de la calle Sindicato:

—¿Tienen cinta de raso rosa?

La dependienta, una chica joven, la miró perpleja:

—¿Cinta?
—Sí.
—¿De raso?
—Sí.
—¿Rosa?
—Sí.
Y, con voz dulce y una sonrisa:
—No tenemos...

5. «NO HAVÍEM QUEDAT EN RES»*

La corroboración por una o varias veces es también imprescindible si usted hace un encargo de trabajo, y en ningún caso el encargo se considera en firme si no se repite al menos una vez. Si no lo hace así, le puede ocurrir como a aquel señor que fue al sastre para hacerse un traje a la medida, y cuando, al cabo de un mes, acudió a la primera prueba, observó con sorpresa que los pantalones tenían tres piernas:

—Hombre, Joan, i què m'has fet!
Y el sastre:
—Ah, com que no havíem quedat en res...[1]

Se trata naturalmente de un chiste, pero esta frase *«com que no havíem quedat en res»* se emplea en estas ocasiones: el encargo se hizo claramente, pero sólo se dijo *una vez.*

No havíem quedat en res se utiliza también para eludir un compromiso, o para deshacer un plan. Al mallorquín no le gusta hacer planes a largo plazo, ni cerrar citas para dentro de un mes. Ese compromiso en el diseño del futuro lo deja para los habitantes apresurados de las ciudades de tierra firme. Aquí se valora la libertad para aceptar opciones

---

* «No habíamos quedado en nada.»

[1] —¡Pero hombre, Juan, qué has hecho!
—Ah, como no habíamos quedado en nada...

ventajosas al momento, y no debe usted extrañarse, ni molestarse, si se producen imprevistos cambios de plan a última hora. Si, por ejemplo, prepara usted un acto social en su casa, es aconsejable que introduzca una previsión de ambigüedad en el número de asistentes, que unas veces serán menos de los esperados y otras más, en función de que otras opciones más o menos suculentas hayan interferido su proyecto.

—Hombre, Joan, i què m'has fet!

Esta resistencia al compromiso se entiende como una manera de mantener abiertas las posibilidades inmediatas que la vida ofrece (el aquí y ahora es lo que cuenta), y si usted fuerza a alguien a adquirir un compromiso (tal día, a tal hora en tal sitio), tenga por cierto que en algunos casos estará ejerciendo una pequeña violencia. Y como el mallorquín es persona tranquila, que evita los enfrentamientos, es muy probable que usted no reciba una inmediata negativa a su propuesta, sino una diplomática aceptación. Difícilmente un mallorquín dice «no», pero vale más que tenga usted preparado un plan alternativo para el día de la cita, por si acaso. La negativa hay que aprender a entreverla, interpretando los tonos de voz o la mirada, y entender que muchas veces está ahí, tácita pero claramente expresada.

Esto se relaciona con la carga de ambigüedad que matiza en general el lenguaje. La resistencia a exponer directamente las bazas, a mostrar las cartas, es algo que impregna la actividad social, comercial, afectiva o política de la isla, y es la clave de muchas formas de comportamiento que resultan incomprensibles al foráneo. Hay que interpretar ese segundo lenguaje que las palabras ocultan. Existe una expresión muy usual en Mallorca —«*Saps què te vull dir?*» [1]—, que no parece que tenga equivalente en el resto de España, y que expresa claramente esta dualidad: una cosa es «lo que digo» y otra «lo que quiero decir» Sus equivalentes en castellano (¿comprendes?, ¿me explico?) o en catalán *(vull dir),* no son en absoluto equiparables, puesto que se refieren a la claridad en la expresión de lo que se dice, no a una segunda intención en el mensaje.

Y puesto que no es lo mismo «lo que digo» que «lo que quiero decir», aquí se fragua el complejo rompecabezas que puede dar al traste con la cordura de algún académico, porque esta estructura ambigua del lenguaje puede afectar también a las ideas.

No obstante, y aunque al principio resulte molesto al forastero, el que se haya consolidado la ambigüedad como norma de comportamiento tiene la evidente ventaja de que permite cambiar los planes en cualquier momento («*No havíem quedat en res*»), con la excusa de una interpretación

---

[1] «¿Comprendes qué quiero decir?»

lateral, que deja a salvo la imagen personal. Esto facilita y distiende la convivencia, y puesto que ésta es una práctica corriente, es inevitable que redunde en un aumento de la tolerancia en la población, que está siempre dispuesta a aceptar benévolamente una excusa, por increíble que ésta sea.

6. «BOTIFARRES I MOSSONS», Y OTRAS GENTES DEL MONTÓN

Hasta hace pocos años, la revolución turística no había alterado la rígida clasificación social de la Mallorca decimonónica. Y todavía hoy, si alguien habla de *botifarres* no se está refiriendo a un embutido —como ocurriría en Cataluña— sino a la clase social más elevada, la nobleza. Se dice que el nombre deriva de *botiflers,* los aristócratas que en la guerra de sucesión apoyaron al rey borbón Felipe V, y a su Decreto de Nueva Planta de 1715, frente a las tendencias independentistas. *L. Villalonga* parodió la peculiar manera de ser de la nobleza mallorquina:

«Per inèrcia, les famílies distingides de Mallorca són conservadores. Potser que algunes d'elles es molestarien —encara que sense fonament— si sabessin que, en mostrar llurs curiositats als visitants, aquests no poden menys que dir-se que la curiositat més notable del palau són els propietaris.» [1]

(«Por inercia, las familias distinguidas de Mallorca son conservadoras. Tal vez algunas de ellas se molestarían —aunque sin fundamento— si supieran que mostrando sus curiosidades a los visitantes, éstos no pueden menos que decirse que la curiosidad más notable del palacio son los propietarios»).

---

[1] L. Villalonga. *Mort de Dama,* Palma, 1921, Ed. Moll, 1987, pág. 97.

Estos nobles tenían, y siguen teniendo, una clara tendencia a la endogamia:

«Avui tot està mesclat, ja no hi ha res. En es Círculo *no hi va més que* genteta, *heu perdut sa idea de ses classes. Es confés em deia que una criada pot valer tant com una senyora. Jo no dic que, en el cel, no hi puguem anar tots, ja ho veurem, però en es* Círculo [1] *no haurien d'admetre més que a persones decents.»*

(Hoy todo está mezclado, ya no queda nada. Al *Círculo* no va más que *gentecilla,* habéis perdido la idea de las clases. El confesor me decía que una criada puede valer tanto como una señora. Yo no digo que al cielo no podamos ir todos, ya lo veremos, pero en el *Círculo* no deberían admitir más que a personas decentes).

La curiosidad más notable del palacio...

[1] El Círculo Mallorquín es un club social que tuvo su apogeo en la primera mitad del siglo XX, y sus socios pertenecen en su mayoría a las clases altas.

Aquí aparece un segundo grupo social, al que los *botifarres* llaman *genteta*, pequeños burgueses o advenedizos por los que los nobles sienten una indiferencia casi visceral, y a los que aplican con frecuencia el calificativo de *mossó*[1].

Con la llegada del turismo, la tradicional influencia económica y política de los *botifarres* disminuyó notablemente en beneficio de la *mossoneria*, que se está convirtiendo en la clase mayoritaria y dominante. Esta evolución es contemplada con espanto por la antigua nobleza —o «botifarrería»—, que se ve reducida a presenciar con impotencia cómo la ciudad y la isla entera va substituyendo la sublime elegancia que sedujo al Archiduque Luis Salvador por una vulgaridad creciente.

Clase social aparte fueron —y siguen siéndolo en algunos círculos— los *xuetes*, judíos conversos, según Alejandro Rosselló *«más inteligentes y cultos que el nivel medio de la isla» (La Cuestión social en Mallorca,* 1877), que mantuvieron hasta hace muy pocos años relaciones asimismo endógenas, no se sabe si por la insidiosa prevención que los demás mallorquines manifestaron hacia ellos (hasta hace pocos años muchos mallorquines no permitían a sus hijas tener relaciones con un xueta), o porque ellos mismos, como ha ocurrido en otras partes, se cerraban al contacto exterior. Lo cierto es que los judíos conversos mallorquines han mantenido unos rasgos físicos y de carácter bien definidos, y pueden considerarse los últimos judíos españoles que han permanecido como grupo social diferenciado, después de la

---

[1] Hoy la palabra *mossó* equivaldría a nuevo rico, hortera, o pretencioso y, según Isidoro Macabich, podría derivar del tratamiento de *mossèn,* título de segunda clase de la nobleza en la corona de Aragón, que luego se aplicó a los eclesiásticos. *Mossèn* es probablemente una abreviatura de *Monsenyor,* y *mossó* sería una contracción de la misma palabra, o bien una degeneración burlesca de *mossèn.*

expulsión llevada a cabo por los Reyes Católicos en 1492. Cuando, ante la amenaza constante de la Inquisición, se convirtieron oficialmente a la religión cristiana, la maldad popular les bautizó con el nombre de *xuetes,* porque no les perdonaba que hicieran ostentación de su nueva religión asando el tocino —*xuia*—, carne prohibida a los judíos, a la puerta de sus casas. Los judíos mallorquines seguramente no hacían eso por gusto, pero han tenido que soportar las vejaciones poco comprensivas de los cristianos durante siglos:

«Pareix una senyora —solien dir els botifarres de bona fe. I afegien indefectiblement el següent comentari, que era elogi però que hauria de desesperar la poetessa, que volia fer oblidar el seu origen: ningú diria que fos xuetona.» [1]

—Ningú diria que fos xuetona...

---

[1] Op. cit. p. 74.

(«Parece una señora —solían decir los *botifarres* de buena fe. Y añadían indefectiblemente el siguiente comentario, que era elogio pero que habría de desesperar a la poetisa, que quería hacer olvidar su origen: nadie diría que es *xuetona»).*

Los *xuetes*, o *xuetons*, son en general gente emprendedora y activa, y usan un lenguaje directo que los diferencia de la sinuosidad indolente, la calma, tan característica en otros mallorquines. La colonia judía estaba instalada en Mallorca siglos antes de la llegada (en 1229) de las tropas cristianas a la isla, y vivía desde época musulmana en «guetos» —*calls*— que fueron variando su ubicación en la ciudad, probablemente obligados por diferencias o enfrentamientos con los vecinos de turno. El primer *call* del que se tiene noticia estaba situado junto al recinto de la Almudayna, alcazaba de los valíes moros, y el último, que todavía acoge a una parte de la población judía, en la calle Argenteria, junto a la iglesia de Sta. Eulalia[1].

Otras clases sociales, que van reduciendo su influencia pero que siguen existiendo, son los *menestrals* —artesanos— y los *pagesos* —payeses—. Muchos de los artesanos mallorquines, que trabajaban la piedra y la madera con exquisita finura, han sido engullidos por la mecanización; pero sobreviven unos pocos, y se les distingue por su figura enjuta y de elegantes movimientos, cuando uno se los cruza en las calles estrechas y silenciosas de la ciudad antigua.

---

[1] En la historia de Mallorca ha habido muchos xuetes ilustres —llamados de «orella alta»—, intelectuales y políticos que no tenían problemas en codearse con las elites culturales de la isla: «dignísimos compañeros pertenecientes a esta clase... se les trata con toda deferencia, con todos los miramientos y con todas las consideraciones debidas.» (Alejandro Rosselló, *La cuestión social en Mallorca,* 1877).

Los payeses tienen en Mallorca el don de la pulcritud, disfrutan de un sentido innato de la armonía, y han convertido el campo de Mallorca —como puede comprobarse desde la ventanilla de un avión— en un verdadero jardín. Hoy en día muchos de ellos se han dejado seducir por el televisivo modo de vida de la llamada sociedad del bienestar —los romanos dirían que han traicionado a su genio— y trabajan como empleados en la industria hotelera, mientras el campo está cayendo, poco a poco, en un lamentable estado de abandono.

La payesía se vio enfrentada en algunas ocasiones a los habitantes de la capital —los *ciutadans*—, con los que mantuvo en algunos momentos de la historia disputas sangrientas, pero pocas veces estos conflictos indisponían a la aristocracia terrateniente con sus servidores directos, que solían mantener buenas relaciones con sus amos. Y es que el mallorquín prefiere, en general, resolver sus diferencias apaciblemente que con violencia, lo que le ha proporcionado una bien ganada fama de tolerante frente a las nuevas ideas y formas de vida, aun por encima de un profundo conservadurismo personal. La norma es evitar cualquier discusión que pueda disturbar la calma, la maravillosa calma:

«A l'ombra de la catedral gòtica, començada al segle XIII per Jaume I, en una casa senyorial i modesta, *d'entrada descoberta, amb un jardí al fons, viu Gabriel Alomar, publicista* d'idees avançades, *el sol nom del qual entristeix l'esperit. Les senyores velles abaixen la vista en passar per davant aquesta casa d'aparences austeres, que podria estar habitada per un digne sacerdot. Moltes se senyen. Aquell nom tristament famós és una dissonància en el barri. Essent, com és, tan pervers, personalment no fa mal a ningú ni insulta els capellans. Els veïns han acabat per re-*

conèixer-li el talent, sempre que no el mostri a Mallorca. Més fàcil que odiar és transigir. I ells volen, sobretot, dormir la sesta.» [1]

(A la sombra de la catedral gótica, comenzada en el siglo XIII por Jaime I, en una casa señorial y modesta, de entrada descubierta, con jardín al fondo, vive Gabriel Alomar, publicista de ideas avanzadas, cuyo solo nombre entristece el espíritu. Las señoras viejas bajan la vista al pasar por delante de esta casa de apariencias austeras, que podría ser habitada por un digno sacerdote. Muchas se santiguan. Aquel nombre tristemente famoso es una disonancia en el barrio. Siendo, como es, tan perverso, personalmente no hace daño a nadie ni insulta a los curas. Los vecinos han acabado por reconocerle el talento, siempre que no lo demuestre en Mallorca. Más fácil que odiar es transigir, y ellos quieren, sobre todo, dormir la siesta.)

Más fácil que odiar es transigir. Ésta es una de las claves para entender al mallorquín. Sabia filosofía que sin duda contribuye a prolongar la vida.

---

[1] Op. cit., p. 29.

7. EL SALUDO

El ritual del saludo es una de las costumbres que más sorprende a los forasteros en Mallorca. Es frecuente oírles decir: «Me encontré el otro día a fulanito, pero cuando le iba a saludar miró hacia otro lado, como si no me hubiera visto.» Y algunos añaden: «Pero yo creo que me vio.» Esto no es siempre así, pero si le ocurre alguna vez, sepa que no debe extrañarse ni molestarse; se trata simplemente de un código que necesita conocer. El saludo, aunque parezca algo elemental, implica en Mallorca varias cuestiones:

1.º La autoestima. El mallorquín no es en absoluto soberbio, pero tiene orgullo. El saludo es considerado como una forma de reconocimiento social, y no recibir respuesta a un saludo significa una afrenta al honor personal *(«m'ha fet un feo»)* [1] que trata de evitarse a toda costa.

2.º La precaución. La posibilidad de ser víctima de un *feo* crea desconfianza, y lleva a adoptar medidas de prevención: si alguien no está absolutamente seguro de que va a ser correspondido lleva a cabo, como mera precaución, un *esquive* o *regate* que deja a menudo al otro con la palabra en la boca, sobre todo si se trata de un forastero que desconoce las normas.

---

[1] Me ha hecho un feo.

3.º La comodidad. El saludo implica a menudo tener que detenerse a conversar (*«¿Com està el teu marit?»*, etc.)[1] Como el mallorquín no es aficionado a airear sus intimidades, con frecuencia este diálogo se convierte en un diálogo de sordos (*«I jo li vaig dir no sé què i ell no sé què me va dir»*)[2], por lo que lo más cómodo es eludirlo.

La cuestión es la siguiente: ¿Cómo puede usted evitar quedarse con la palabra en la boca y ser víctima de un feo? No se preocupe; está todo previsto. La aparente complejidad del saludo que aquí se practica va también dirigida a obtener las garantías suficientes de que, aun en caso de ser víctima de un feo, su imagen personal no sufra deterioro.

La manera más segura de evitar que le hagan un «feo» es sin duda adelantándose, es decir, esquivando antes de que le esquiven a usted. Pero si, por el contrario, decide usted iniciar la acción del saludo, tome buena nota de las etapas correctas de un saludo mallorquín; no se quedará jamás con la palabra en la boca, y comprenderá por qué sólo les ocurre eso a los forasteros.

Etapa primera (avistamiento): Usted está circulando por una calle cuando avista a un amigo o conocido al que podría —tal vez, quizás— saludar o del que podría —quizás, acaso— recibir un saludo. Permanezca usted atento (con el rabillo del ojo y sin que se le note) al menor movimiento de su oponente que pudiera interpretarse como una intención o esbozo de saludo, al tiempo que usted, a su vez, define sus intenciones respecto a: primero, si desea o no iniciar por su cuenta el saludo, y, segundo, si está dispues-

---

[1] «¿Cómo está tu marido?»

[2] «Y yo le dije no sé qué y él no sé qué me dijo.»

to, en caso de que sea el otro el que lo inicie, a responder al gesto de su oponente. En caso negativo (decide usted no saludar), continúe andando —vista al frente— como si estuviera muy concentrado en sus pensamientos. En caso afirmativo (está usted dispuesto a iniciar el saludo, o, en su caso, a contestarlo), pase a la etapa segunda.

Etapa segunda (mirada): Mire usted con disimulo a su oponente, esperando obtener igual respuesta. Llegado este punto, pueden darse dos casos:

a) El otro no le mira. Puede deberse a dos causas: o no le ha visto, o está practicando el *esquive* (es decir, le ha visto y ya le está esquivando). En este caso, y sea cual sea la causa, enfoque usted su mirada inmediatamente al infinito, como si estuviera mirando un punto muy lejano, y continúe su camino; b) Si su contrario contesta a su mirada, no se confíe, pueden darse a su vez tres subcasos. Primero, que, aunque no se lo parezca, no le ha visto. Segundo, le ha visto pero no tiene intención de saludarle (le está mirando, pero acabará por esquivarle). Tercero, le ha visto y piensa saludarle.

Etapa tercera (cejas): Sin dejar de mirar a su oponente, arquee las cejas abriendo bien los ojos y espere idéntica respuesta. ¿Que no la obtiene? Dé el saludo por abortado y trate de dirigir su mirada hacia el cielo, como si sus cejas se hubieran levantado para observar el estado del tiempo o las evoluciones de una bandada de estorninos. Y no se preocupe, probablemente nadie sabrá que estaba usted intentando saludar, de modo que su imagen quedará a salvo. ¿Que su conocido le contesta arqueando las cejas? Es buena señal; puede tener fundadas sospechas de que piensa contestar definitivamente a su saludo, pero aun así, no se fíe todavía (no olvide que un *esquive* es tanto más ofensivo cuanto más adelantado está el proceso del saludo), y bajo ningún concepto se le ocurra todavía pronunciar una palabra o iniciar un gesto con la mano. Asegúrese una vez más de que va a obtener respuesta. ¿Cómo?:

Etapa cuarta (barbilla): Sin dejar de mirar a su adversario y manteniendo las cejas arqueadas, adelante ligeramente la barbilla y espere idéntica respuesta. Si no la recibe, mire distraídamente la fachada de algún edificio próximo. Si la recibe, arriésguese y pase a la

Etapa quinta y definitiva («¡uep!»). Equivale al salto mortal en el vacío: Es muy frecuente que ninguno de los dos saludantes llegue a dar el último paso, el saludo verbal, ya que se trata del momento de mayor riesgo. En tal caso, el saludo se queda en *«avistamiento-mirada-cejas-barbilla»;* pero si quiere usted arriesgarse, puede esbozar una leve sonrisa, o, si es más osado, emitir la mínima expresión del saludo oral, ideado especialmente para estas ocasiones: se trata del monosílabo *uep*, que, pronunciado muy rápidamente, puede convertirse en un sonido breve y ambiguo que podría, en caso de necesidad, confundirse con un carraspeo, puesto que todavía, en el último momento, puede usted ser víctima del *squiving* más infame. Pero si fuera así, no se preocupe; no es usted el primero ni será el último y, al fin y al cabo, ha cumplido con una norma social generalmente aceptada en Europa.

No olvide por tanto los cinco tiempos académicos del saludo, *«avistamiento-mirada-cejas-barbilla-uep!»,* y podrá pasear a salvo de molestos contratiempos.

Estas etapas parecen complicadas al novato, pero cuando haya adquirido práctica comprobará cómo desarrolla un sexto sentido para percibir, con unas décimas de segundo de antelación, el instante justo en que el saludo va a abortarse, y procederá usted automáticamente, sin tensiones inútiles.

Es muy frecuente que ninguno de los dos saludantes llegue a dar el último paso...

Es aconsejable, aunque le pueda resultar al principio algo enojoso, que practique usted mismo durante algunos días el *esquive*, porque, de no hacerlo así, podría verse sorprendido tontamente. Practique, para empezar, cuando vea acercarse a un conocido, mirando la hora en su reloj, o cruzando imprevistamente la calle. Cuando haya adquirido la suficiente soltura, dé un paso más: mire a su conocido, pero no levante las cejas y, cuando vea que él lo hace, dirija su vista distraídamente hacia un escaparate. Luego atrévase a más y adelante su barbilla, y así hasta el final. Si consigue oír un tímido *uep* de su contrincante mientras usted observa atentamente la luz roja del semáforo, estará definitivamente preparado.

Pero también puede ocurrir que su estrategia de esquive fracase, y, mientras usted atiende a la luz roja, se vea sorprendido por su oponente que, al tiempo que le susurra claramente a la oreja *¡uep, Toni!*, le propina una cariñosa palmadita en la espalda. En ese caso, no debe usted, bajo ningún pretexto, perder su aplomo: con un rápido movimiento de cabeza mire a su conocido abiertamente, y con expresión de sorpresa pronuncie la frase: *«¡Uep, no t'havia vist!»* [1]

Naturalmente, lo más frecuente entre personas educadas es llevar a cabo todas las etapas del saludo de una manera cordial y sin titubeos, e incluso detenerse, interesándose por la persona en cuestión y sus familiares, pero, llegado el caso, tenga también cuidado en no mostrarse excesivamente atento ni afectuoso; dirían de usted *«m'ha fet molt de cas»* (o *«m'ha fet un cassé»*)[2], lo que significa que su actitud ha sido algo plebeya, y podría dar pie a la sospecha de que estaba usted interesado en conseguir algún favor de la otra persona.

Otra cuestión importante es conocer los motivos más frecuentes por los que podrían esquivarle. Adelantemos que son múltiples y que sólo con la práctica llegará a percibirlos con nitidez. Pero tranquilícese usted, porque el motivo más frecuente no es otro que la comodidad, esa calma o laxitud tan envidiable de que goza el mallorquín, y que le convierte en una persona eminentemente cómoda en el trato. Si no saluda, a menudo es, simplemente, por no disturbar su propia paz ni la de los demás.

---

1 «¡Hola, no te había visto!»

2 Me ha hecho mucho caso.

Otros motivos, cuando los hay, están en función del ambiente en el que se produce el encuentro (una persona que le esquivó por la mañana en la calle puede saludarle efusivamente en una fiesta por la noche, lo que prueba que no hubo mala intención), y también dependen de la posición social de los saludantes: no es lo mismo encontrarse con un *botifarra,* un *mossó,* o un *pagès,* ni es lo mismo si es usted *botifarra, mossó, pagès, foraster, estranger* o *català.* Las combinaciones son pues múltiples y cada una de ellas presenta diferencias, a veces imperceptibles.

Si se mueve usted en ambientes *botifarra* procure tener bien presente que bajo ningún concepto debe hallarse en situación deshonrosa si quiere ser saludado (y esto no ocurre así por desprecio, sino al contrario, por consideración hacia usted, que, en esa situación, preferiría no ser visto); debe usted, por ejemplo, vestir adecuadamente, no ir acompañado, por ejemplo, de un *mossó,* no llevar paquetes voluminosos, etc. Si lleva usted una cesta con, supongamos, hortalizas a la vista, corre el riesgo de no ser saludado por una buena temporada. ¡No cometa estos errores tontos!

Estas normas, como la de no llevar paquetes (que no *«fa senyor»)* [1], servían en origen para distinguir a un señor de quien no lo era, pero poco a poco han sido adoptadas por los *mossons* que, en su afán por emular a las clases superiores, las aplican con excesiva rigurosidad. Conocí a una señora que, para evitar ser esquivada, había adoptado como precaución llevar siempre en el bolso, doblada, una bolsa de la tienda Loewe (que ella consideraba elegante), y en la que introducía otros paquetes, supuestamente indecorosos.

[1] No es propio de «señores».

8. EL CONCEPTO DEL TIEMPO

H.H. Persing demostró, por aplicación del principio de entropía inversa, que en el Paraíso no existía el tiempo (puesto que lo sublime no es susceptible de evolución). Probablemente este principio es también aplicable a Mallorca, y a menudo ocurre que todos los relojes de la isla se detienen en un mismo instante, sin que se conozca hasta hoy otra explicación, científicamente aceptable, de tan sorprendente fenómeno. En este insólito momento sin dimensión, ocurren las cosas tan deprisa y con tal intensidad, que al arrancar de nuevo las agujas se tiene la sensación —que responde a la realidad— de haber vivido una súbita aventura. Otra explicación, anterior a Persing y a Galileo (y hoy repudiada por los académicos), preconiza que la isla de Mallorca fue petrificada por la Medusa; y también sus habitantes, que se hicieron indiferentes al paso del tiempo. Esta explicación no es tan rigurosa, pero resulta más convincente a las personas normales y aclara el misterio de por qué en Mallorca son tan escasos los residentes suizos.

Lo cierto es que en Mallorca —hágase cargo cuanto antes— los minutos no tienen sesenta segundos, ni los días veinticuatro horas. Si usted piensa establecerse en la isla y, pongamos por caso, se dispone a iniciar la reforma de su nueva casa, sepa que tiene dos caminos: usar el reloj y un calendario para controlar el trabajo de sus operarios —lo que le convertirá en candidato a los picores alérgicos—, o adoptar la actitud del longevo paciente. Usted verá.

Tengo un amigo catalán que es feliz en Mallorca porque entendió desde el principio que la calma tiene más ventajas que inconvenientes y, cuando sus apresurados invitados —catalanes también— se quejaban de la exasperante lentitud con la que algunos mallorquines conducen sus automóviles, él les decía: «¡Pero si sois vosotros los equivocados! ¿No os dais cuenta?»

Uno de los problemas de las grandes ciudades es el agobio que produce la prisa. Estos urbanos ignorantes, queriendo ganar tiempo, lo que consiguen es perder el *tempo,* es decir, el ritmo adecuado para que las cosas verdaderas puedan ocurrir: la *harmonia* pitagórica de la que emana el equilibrio del universo. La música sólo adquiere sentido cuando se la interpreta con el *tempo* adecuado, y, si se la escucha aceleradamente, se llega antes al final, de eso no hay duda, pero no se ha oído música, sino una sucesión atolondrada de notas, y es entonces cuando de verdad se ha perdido el tiempo.

En Mallorca, este tiempo aparentemente perdido —los retrasos, las impuntualidades—, supone a menudo un coste, pero no siempre una pérdida, porque se gana en calidad —de *tempo*— lo que se pierde en cantidad.

La lentitud con la que se hacen aquí las cosas —esté prevenido cuando acuda a un comercio o a una ventanilla— es sólo una consecuencia de la capacidad del mallorquín para disfrutar de esa cualidad que aquí tienen los instantes en los que el reloj se esfuma. Son instantes para ser vividos, respirados sin más, y a nadie extrañan los aplazamientos porque todo el mundo sabe que puede resultarle a él mismo muy difícil abandonar una terraza al sol en una sobremesa de invierno, o, en verano, a la sombra de los pinos.

Había un barbero en San Agustín que tenía esto bien aprendido; una tarde de junio acudía yo a la barbería y me encontré con la puerta cerrada. De la puerta pendía un letrero escrito a mano: *«EL BARBERO ES A NADAR.»* Se entendía que la ausencia estaba del todo justificada.

No es raro por tanto que las cosas ocurran aquí a cámara lenta —es el *tempo* de la felicidad—, y las ocasiones de disfrute son tan frecuentes y tan tentadoras que los retrasos son tácitamente aceptados por unos y otros. Cuando el mallorquín viaja, ya sea por obligación o por placer, está siempre deseando regresar, porque echa de menos su *tempo* y padece el síndrome de Adán, expulsado del Paraíso.

Una descripción concisa de esa terrible sensación de pérdida del Paraíso —aunque en circunstancias más dramáticas—, aparece en el *Liber Maiolichinus,* poema escrito en el año 1114 por un soldado del ejército pisano que asaltó la ciudad amurallada de *Mayurka.* El pasaje se refiere al rey moro de Mallorca cuando fue hecho prisionero:

«...Tendrías que haber visto al rey de Mallorca permanecer mudo como una piedra; el olvido se había apoderado de sus sentidos. Se quedó boquiabierto, porque el terror se había llevado su mente.»

Dicen que fue entonces cuando hizo acto de presencia la Medusa.

9. DE COMPRAS Y DE VENTAS

La idea extendida de que el mallorquín es en general un hábil negociante contrasta con lo que me contaba mi amiga H. Wilson: *«... entré el otro día en una tienda del centro de Palma y estaba el dueño hablando con una señora. Ninguno de los dos interrumpió su charla ni se inmutó durante los diez minutos que estuve esperando, hasta que decidí marcharme, sin que eso pareciera preocupar lo más mínimo al supuesto vendedor.»*

No recuerdo a un solo forastero de los que conozco que no me haya contado la misma o parecida historia, que ya relataba con su peculiar estilo Santiago Rusiñol en 1924, en su libro *La isla de la calma:*

«(...) El amo está sentado detrás del mostrador, arrebujado detrás de unos paquetes.

—¡Cigarros!— decimos.

Él no se mueve.

—¡Cigarros porras!

Tampoco se mueve.

—¡Porras de a real!

Y levanta los ojos hacia los paquetes de los cigarros.

—Quisiéramos porras de a real— decimos más alto.

Y entonces alarga un brazo, que ha de alargar mucho para no levantarse, reflexiona (sobre cuál de dos paquetes es el que ha de estirar), saca un paquete, lo desenvuelve y salen sólo dos cigarros.

—Quisiéramos más— le decimos.

Y nos mira, como queriendo decir: «¿Aún no has fumado bastante?»

—Queremos más— repetimos.

Y nos ofrece más, pero con una mirada que dice a las claras: «¿Te figuras que tengo el estanco para que vengas a molestarme?»

Se ha de ser muy fumador para no irse y dejarlo correr.»

Esto fue escrito antes de la avalancha turística, y las cosas han cambiado un poco, pero no hay forastero al que no le haya ocurrido alguna vez. Es ésta una de las imágenes mallorquinas más incomprensibles para el visitante, que no ha vivido situación parecida en ningún otro sitio del mundo.

Entre el asombro y el desconcierto, la mayoría de forasteros coinciden en hacerse esta pregunta: ¿Por qué alguien supuestamente interesado en vender trata con tal displicencia a alguien supuestamente interesado en comprar?

He de reconocer que yo mismo he vivido sumido en esa perplejidad durante más de veinte años, hasta que un día descubrí el secreto. Les adelantaré que existe una explicación lógica de esa actitud aparentemente abstrusa. Pero déjenme que antes les cuente alguna otra de esas situaciones que genera el peculiar talante de muchos mallorquines ante cualquier negocio. La primera le ocurrió a mi amigo catalán Pere T. en un pueblo del interior de la isla. Corría el año 1958, la televisión acababa de estrenarse en España y mi amigo, haciendo uso de su reconocida habilidad comercial, se propuso promocionar el invento entre los habitantes de la isla. Nada más fácil; decidió utilizar el método de propaganda que tan buenos resultados le había dado en algunos pueblos del Ampurdán: instaló su furgoneta en la plaza, y al caer la tarde, cuando la concurrencia era mayor, puso en marcha el inédito artefacto. Lo que ocurrió a continuación nos lo explicaba años después, con cara todavía estupefacta, sin haber llegado a comprender. Ocurrió algo que sería sorprendente en cualquier otro sitio, pero no en Mallorca: ocurrió que no ocurrió absolutamente nada; acudió un grupo de niños, pero la gente adulta continuó paseando tranquilamente, sin prestar la menor atención, como los habitantes de Macondo el día que conocieron el hielo.

Y dirán ustedes ¿pero no habíamos quedado en que los mallorquines eran curiosos y estaban siempre dispuestos a recoger información? Pues sí, pero a menudo son, y en mayor grado, desconfiados y orgullosos *(I ara aqueix què vol).*[1]

Mi amigo catalán no recibió ni una sola petición de compra, pero algo más: ni una pregunta.

La segunda anécdota es más reciente, y tal vez puedan ustedes mismos constatarla: hace unos años cayó en mis manos una revista de ámbito nacional (español) especializada en la venta de casas. Cada anuncio contenía una pequeña fotografía del edificio, acompañada de una explicación somera de sus características: superficie, número de dormitorios, ubicación, y... precio. Todos los anuncios (más de trescientos) llevaban el precio al pie, excepto diez. Sólo diez entre trescientos. Los diez correspondían a Mallorca. Y otro dato: ¿Saben cuántos anuncios mallorquines había en la revista? Once.

¿Pero cómo esperaban vender las casas sin poner el precio? La respuesta la obtuve un miércoles por la mañana en el mercado de ganado de Sineu:

Un comprador: *—¿Quant demanes per aqueixa mula?*[2]

---

[1] ¿Y ahora qué querrá éste?

[2] —¿Cuánto pides por esta mula?

—¡Habla!

—Diez mil.

—¡Habla otra vez!

El vendedor (sin mirar): *—Xerra!*

Comprador: *—Vint mil.*

Vendedor (cerrando los ojos y haciendo con la cabeza un rápido gesto de asentimiento): *—Torna a xerrar!*

Está claro que lo del precio fijado de antemano por el vendedor no fue hábito arraigado en Mallorca: el precio se decide a menudo después de un tira y afloja, lo que demuestra una ciega confianza en la ley de la oferta y la demanda. Usted encuentra un letrero en el campo que dice *«Se vende»* y a continuación un número de teléfono. Llama al teléfono y pregunta el precio. Como máximo obtiene una cita. Acude a la cita. El vendedor ya sabe si es usted *foraster, estranger* o *mallorquí,* pero usted sigue sin saber el precio. El vendedor le observa. Más información... para él. Le cuenta las excelencias de sus cuarteradas, pero sigue sin decir el precio; y cuando usted insiste en el crucial asunto, él le contesta: *«¿Quant me'n donaria?»* [1]

—Quant me'n donaria?

[1] «¿Cuánto me ofrece?»

Otras veces puede que reciba una respuesta, pero poco comprometida. Un payés de Portocolom contestó, por ejemplo: *«Fa tres anys me'n donaven tres milions de pessetes, un pis a Felanitx i un apartament en es port.»* [1] Haga usted cuentas.

Y si usted le insiste y consigue que le dé un precio, éste es un momento delicado. Si la cantidad le parece a usted razonable, no se le ocurra bajo ningún concepto aceptarla; estropearía la operación. Si lo hace, observará un inmediato cambio de actitud en su interlocutor, que adoptará una expresión de decepción, y dará muestras de estar poco interesado en continuar negociando. Y si le responde con monosílabos y su mirada se torna oblicua, dé por hecho que la negociación está abortada. Pero si, haciendo poco caso de esta actitud sutil (y atendiendo exclusivamente a las palabras) cree usted que el acuerdo está próximo y fuerza una cita para cerrar el trato, es muy probable que el vendedor acepte la cita, pero no se extrañe de que no acuda.

Me decía Javier L., un buen amigo mallorquín: «Si le propongo a alguien un negocio y me dice que sí a la primera, no le confío ni la caseta del perro.»

Recuerdo que en cierta ocasión mi amigo Diego P., que tiene bien ganada fama de dubitativo, me llamó para que le diera mi opinión sobre una casa que tenía intención de comprar. Hacía seis meses que dudaba, soportando esta vez la insistencia del vendedor, muy interesado en desprenderse del inmueble. Visitamos la casa, y mi opinión fue tan favorable que le hice saber que, en caso de que no la comprara él, lo haría yo mismo. Al cabo de unas semanas Diego decidió no comprar y me facilitó el teléfono del propieta-

---

[1] «Hace tres años me daban tres millones de pesetas, un piso en Felanitx y un apartamento en el puerto.»

rio. Concerté con él una cita, manifestándole mi intención de firmar inmediatamente el contrato.

Estuve esperando al propietario en el sitio acordado a la hora acordada, pero sigo sin tener noticias de él después de veinte años. Ahora comprendo que cometí un error de principiante, y he sabido que él mismo habita la casa desde entonces.

Este comportamiento podría resumirse en esta frase: «Yo estoy interesado en vender... siempre que usted no esté interesado en comprar.» La paradoja es sutil, y sorprende a la mayoría de occidentales, pero no extrañaría a un Premio Nobel en física como Ilya Prigogine, acostumbrado a manejar sistemas termodinámicos de realimentación, o a un filósofo como Heráclito, convencido de que la realidad de las cosas sólo surge de la oposición entre contrarios.

Sin embargo, hay ocasiones en que la negociación no queda necesariamente rota por el hecho de que usted acepte unas condiciones determinadas y esté dispuesto a firmar. Recuerdo el caso, más reciente, de otro amigo catalán, J. I. Picanyol, al que facilité el contacto para la compra de un terreno en el que se construirían varios edificios. Después de algunas conversaciones telefónicas desde Barcelona con el propietario del solar, mi amigo tomó el avión y acudió a la primera cita con el contrato redactado y el dinero correspondiente en la cartera (*«Anem per feina»*).

Antes de empezar la reunión tuve tiempo de advertirle de que probablemente las cosas no serían tan fáciles, y le previne acerca de posibles contratiempos. Pero él insistió:

—Ya hemos llegado a un acuerdo, no hay vuelta de hoja, y así queda reflejado en el contrato.

Nos sentamos a la mesa, y las primeras palabras del vendedor (lentamente y con mirada baja) fueron éstas:

—Bueno... he de decir que esta mañana he recibido una oferta que supera a la suya...

Mi amigo clavó su mirada en la mía, y contesté con elevación de cejas.

Pero volvamos a la pequeña tienda del centro de Palma. ¿Necesitan todavía que les diga por qué les atienden con aparente desidia? Ante todo, hay que reconocer que el mallorquín es un avezado negociante, y si sus formas pueden parecer algo inusuales al visitante es porque aquí no se vivió revolución industrial alguna hasta mediados del siglo XX, y se cogió el tren de los negocios con la precipitación que la historia impuso. Pero está fuera de duda que es un hábil negociante. ¿Por qué entonces permanece usted ahí, de pie como un pasmarote durante minutos?

No se trata de una falta de consideración, sino —aunque le parezca mentira— de una estrategia de venta que es sobre todo útil... entre mallorquines, y, una vez más, es obligado conocer el código.

La diferencia fundamental es que el mallorquín jamás ejerce presión o agresividad en la negociación, ni intenta convencer por agotamiento. Esto estaría mal visto y degrada la imagen personal. Se trata, por el contrario, de que sea el otro el que se interese, el que acuda. Si hubiera que resumir en una frase esta estrategia sería *«la del pescador de caña.»* Esto resulta incomprensible sobre todo a los suizos, alemanes y catalanes, que desesperan fácilmente ante esta actitud paciente, y suelen tardar en comprender sus ventajas.

Me contaba otro amigo mallorquín, Miquel B., propietario de un negocio de maderas que, cuando un cliente le hace un pedido, a menudo prefiere decir *«no nos queda»*, aunque no sea cierto. El cliente deja entonces su número de teléfono y él le llama al cabo de algunos días. Con esto consigue aumentar el interés del comprador, y las listas de espera son a veces larguísimas, mientras el producto reposa tranquilamente en la trastienda. «Es la mejor manera de asegurarme la venta —me decía—. Si digo que sí enseguida, corro el riesgo de no volver a verle.»

De modo que si entra usted en una tienda, pongamos por caso un anticuario, no debe desesperarse ni inquietarse. Tranquilícese; se trata simplemente de una vieja costumbre, en la que se mezcla el *orgullo* (pretender vender con insistencia es rebajarse), la *desconfianza* (si a éste le interesa comprar es que a mí no me interesa vender) y el *fatalismo* («tanmateix...»[1]). Sea, por tanto, digno. No muestre excesivo interés por lo que va a comprar. Espere. Pregunte luego por una cosa que no le interesa, y acérquese poco a poco al objeto que desea, como si lo hubiera visto por azar. La charla que está usted presenciando entre el dueño de la tienda y esa señora puede parecerle trivial, pero se trata de una negociación sutil en la que la aproximación al objeto no es directa, sino sinuosa (o helicoidal), y tal vez requiera de varias sesiones para cerrar el trato.

Recuerdo el día en que firmé el contrato de compra de un pequeño terreno que pertenecía a una familia de la nobleza mallorquina. Mi abogado catalán había redactado el contrato, y quedamos citados en el despacho del abogado de los Sres. E. para obtener su conformidad. Al despacho se accedía a través de uno de esos elegantes patios renacentistas del centro de Palma, y la decoración era generosa en cretonas polvorientas. Cuando el abogado leyó mi nombre descubrió parentescos, antepasados y amistades comunes, en los que intervenían asimismo los Sres. E. El contrato reposó durante varias horas en la mesa del letrado, en tanto se sucedían los relatos de aventuras y correrías familiares, que

---

[1] Tanmateix: Ver capítulo 13.

derivaron hacia una agradable tertulia sobre el posible origen mallorquín de Cristóbal Colón. Y puesto que ya éramos viejos conocidos, no se hizo necesaria la lectura concienzuda del contrato, que se dio por bueno desde ese mismo instante, se leyó rápidamente, y se firmó sin una sola corrección.

Mi abogado, que no había abierto la boca —pero sí los ojos—, al salir me preguntó: «¿Has leído *El Gatopardo?*», y entramos en una tienda, a comprar unos vasos de vidrio soplado.

10. HOMBRES Y MUJERES: LA «MADONA»

En los años treinta y cuarenta Mallorca era un destino casi obligado para las parejas de enamorados catalanes. Pero poco a poco las agencias de turismo fueron ampliando su terreno y hoy nos visitan gentes de todo el mundo, y muchos de ellos ni siquiera están enamorados.

El resultado es que en Mallorca conviven estos visitantes fugaces, que no tienen tiempo de conocer a los isleños, y los mallorquines, que mantienen sus costumbres asimismo ajenos a un aluvión demasiado turbulento para que pueda dejar poso.

Aunque los hábitos externos hayan cambiado —seguramente más influidos por la televisión que por el turismo— los hombres y mujeres siguen manteniendo en Mallorca formas de relación personal, de comunicación, de contacto, y de organización familiar, que provienen de situaciones muy anteriores a la época turística.

Preguntada la conocida sicóloga *Carlota Vich* sobre cuáles eran para ella las cualidades más sobresalientes de la mujer mallorquina, contestó sin vacilar: la curiosidad, la sensualidad y la astucia. Virtudes evidentemente ajenas a las turistas europeas y americanas que nos visitan.

Las relaciones entre hombres y mujeres, ya se trate de casados o de solteros, están a menudo marcadas por hábitos ancestrales, muchos de los cuales son consecuencia del pasado matriarcal de la isla. La *madona* es aquí una institución fundamental, uno de los pilares básicos de la estructura familiar —como ocurre en las regiones del sur de Italia con la *mamma*—, a la vez temida, respetada y a menudo venerada [1].

La tradición familiar coloca al hombre en un discreto segundo lugar desde el que ejerce el poder de una forma a menudo simbólica, o como cabeza visible en las cuestiones de «relación exterior» de la familia:

«Les dones, una volta casades, eren majoria les que comandaven, no sols dins la casa, sinó fora d'ella. (...) Els jornalers i missatges solien donar la setmanada o soldada completa a les seves respectives dones (...), i la dona li donava una quantitat per fumar i anar a prendre un cafetet o una copeta.

La majoria de dones, directores i caixeres del banc familiar, quan la família havia de fer una despesa grossa, donaven els doblers a l'home perquè ell pagàs; era l'amo i ell, el pobre, encara a vegades s'ho creia. Conten a Son Servera que hi havia una dona de pinyol vermell que quan l'home malgastava jugant els doblers que li havia donat ella, en arribar a ca seva li donava una bona massolada amb prou crider; ell, en poder-li escapar, anava al corral, agafava una camella i sortint a damunt el portal, si encara hi havia qualque veïnada que escoltàs o persona externa que, al passar i sentint l'escandalera s'hagués aturat, deia aquell pardalot, mostrant la camella: "A propósito son los hombres para castigar a las mujeres", i torcant-se la suor, que encara duia de la pallissa, s'aficava dins ca

---

[1] El término *madona* se aplicaba originariamente a la esposa de un aparcero en las grandes fincas, pero por extensión y popularmente se emplea hoy en día para referirse a la dueña de una pequeña propiedad rural o urbana, o, en general, a cualquier madre de familia no perteneciente a la nobleza.

seva deixant la camella darrera la porta perquè la dona no la ves.» [1]

(«Las mujeres, una vez casadas, eran mayoría las que mandaban, no sólo en casa, sino fuera de ella. (...) Los jornaleros y trabajadores solían dar el sueldo completo de la semana a sus respectivas mujeres (...), y la mujer le daba una cantidad para fumar y tomar un cafetito o una copita.

La mayoría de mujeres, directoras y cajeras del banco familiar, cuando la familia tenía que hacer un gasto grande, daban el dinero al hombre para que él pagase; era el amo y él, el pobre, todavía a veces se lo creía. Cuentan en Son Servera que había una mujer de armas tomar que cuando el hombre malgastaba jugando el dinero que le había dado ella, al llegar a su casa le daba una buena paliza acompañada de griterío. Él, cuando podía escapar, iba al corral, cogía un palo y, saliendo al portal, por si hubiera alguna vecina o persona externa que, al pasar y oyendo el escándalo, se hubiera parado, decía, aquel tontorrón, enseñando el palo: "A propósito son los hombres, para castigar a las mujeres", y secándose el sudor, que todavía llevaba de la paliza, se metía en su casa dejando el palo detrás de la puerta para que su mujer no lo viera.»)

La opinión de la *madona* es a menudo determinante en cualquier operación de compraventa, o en la ejecución de un negocio:

«Els dimecres a Sineu, era el mercat de bestiar gros i petit més concorregut de la part centre i llevant de l'illa. Els poblers, prou necessitats de mules p'el seu treball cam-

---

[1] A. Galmés Riera, *Cultura popular mallorquina,* Ed. Sa Nostra, Palma, 1982.

perol i de reguiu, anaven a aquell mercat (...) i deprés de moltes estirades i amollades amb el mercader, si arribaven a fer barrina, mai per mai hi faltava allò de: Sa barrina està feta, si la mula li agrada a sa meva dona (o a mumare si era fadrí), i després a beure una copa per fet, o sia cloure la barrina.» [1]

(«Los miércoles, en Sineu había el mercado de ganadería grande y pequeña más concurrido de la parte del centro y el levante de la isla. Los *«poblers»,* muy necesitados de mulas para su trabajo campesino y de regadío, iban a aquel mercado (...) y después de muchos tira y afloja con el comerciante, si llegaban a cerrar el trato, nunca faltaba aquello de: El negocio está hecho si la mula le gusta a mi mujer (o a mi madre, si era soltero), y después iban a beber una copa para cerrar el negocio»).

El fuero matrimonial, por otra parte, establece en Mallorca la separación de bienes de los esposos, lo que confiere a la mujer una cierta independencia económica.

También en los bailes populares *(balls de bot, boleros, fandangos)*, es la mujer la que marca la pauta, y el hombre el que trata de seguirla. Pero no sólo esto: es muy frecuente que la mujer haga regates cuya única intención es la de engañar o desconcertar al hombre, que se las ve y se las desea para evitar el ridículo mientras la mujer le esquiva y hasta le pisa repetidamente. No ha faltado quien ha tratado de establecer paralelismos entre este juego sardónico de mando-engaño-ridiculización y las estructuras de poder en la relación hombre-mujer de la vida real, pero esto parece exagerado.

---

[1] A. Galmés Riera, Op. cit., p. 69.

La *madona* mallorquina es eminentemente activa, y el hábito responsable de tomar decisiones familiares le hace además persona cauta y prudente. Estas cualidades, unidas a la natural reserva de que hace gala el mallorquín, la convierten a menudo en una persona rodeada de cierto misterio, sobre todo cuando a esto se añade una sutil coquetería, lo que ocurre con frecuencia.

Las *madonas,* como sucede en otros países mediterráneos, saben que para ellas la información es un arma de primer orden. Por eso, además de reservadas, son extremadamente curiosas —el chafardeo entre mujeres es un sofisticado mercadeo en el que se intercambian secretos que pueden acabar con cualquier fortuna— y son más dadas a preguntar, observar, espiar y escudriñar, que a decir. La extrema reserva puede llegar a exasperar a un forastero desconocedor de las costumbres, que se extraña al no recibir respuesta a preguntas aparentemente inofensivas, incluso después de haber facilitado, él mismo, una información equivalente.

Decía Santiago Russiñol en *La isla de la calma:*

«Hablar de ellas, de las mallorquinas, ya no es cosa tan fácil. La mujer es siempre enigmática, más esfinge que las del Borne (...). Pero del corazón que anida en estos bustos, de lo que piensan estas cabecitas, rodeadas de niebla de cabellos, nada sabemos ni sabremos nunca, ni acaso ellas mismas lo saben (...). Lo que sí podemos saber de las hermosas palmesanas es que son poco habladoras (...) pero lo poco que hablan es dulce y suave. Afinan la voz como un arpa.»

Quizás por eso el juego de la seducción es en Mallorca tan distinto al de otros lugares, en los que la palabra es el vehículo casi inevitable para entablar relación. Aquí lo principal no es la palabra, sino las actitudes, el tono de la voz más que el significado, y, sobre todo, la mirada. No hay que descartar la posibilidad de que en este código haya permanecido una influencia árabe. La mujer mora está obligada a concentrar en la mirada la misma expresividad sin palabras y también la actitud observadora y enigmática que se aprecia en la mujer mallorquina: más importante que manifestarse a las claras es dejar entrever, sugerir, sin comprometerse.

La ambigüedad es fundamental en la estrategia de la conquista, y la *madona* es maestra en este coqueteo imaginativo y entreverado, donde las posibilidades se multiplican sin llegar a consolidarse en hechos hasta haberse oficiado los preámbulos rituales. Muchas veces esta estrategia deja de ser un medio de seducción para convertirse en un fin en sí misma. En este caso, el juego puede prolongarse indefinidamente y la *madona* (o *al·lota,* si es un chica joven) despliega una infinidad de sutiles actitudes, a menudo contradictorias, para incrementar el misterio y la atracción.

Hasta tal punto es eficaz esta demostración de capacidad persuasiva, que a menudo el hombre, de costumbres mucho más primarias, se ve obligado a adoptar estrategias que van desde la defensa —el hombre mallorquín es en general retraído y pasivo en el inicio del galanteo— a la pequeña agresión verbal o física. El talante jocoso y algo displicente es proverbial en el hombre mallorquín cuando trata de establecer contacto con una dama, pero se comprende que no haya tenido más remedio que echar mano de recursos específicamente masculinos para contrarrestar el sofisticado despliegue de medios de que hace gala la mujer. En esta primera etapa, de forcejeo algo belicoso, en que se comienzan a deslindar los roles de poder, la *al·lota* sabe perfectamente que la actitud aparentemente agresiva del hombre no debe ser interpretada como tal (sino que significa precisamente una aceptación del juego amoroso). Suele dejar entonces que él lleve a cabo esa manifestación de supuesto poderío y, una vez que el hombre declina en su fiereza, pasa ella a ejercer el poder real, mandando y ordenando a su dócil y afectuoso compañero que, por otra parte, acepta encantado este papel segundón, que le libera de tener que tomar decisiones, le exime de responsabilidades, y le deja más tiempo libre.

...una infinidad de sutiles actitudes...

En los noviazgos antiguos las chicas (*al·lotes*) tenían pretendientes de dos categorías, en función del grado de interés. Según cuenta la madona de Son Fontinyol:

«Ells eren de dues castes: uns eren estimats i, els altres, enamorats. Per esser estimats, bastava anar-hi qualque vegada, per ca s'al·lota; i per esser enamorats li

havien de regalar una peça d'or, i llavors ella los dava cadira. Jo d'enamorats en tenia tres. No festejava amb tots tres a l'una, sinó un darrera s'altre. Un vetlava defora com un gat sa rata. I, en veure que s'altre buidava, zas!, ja s'entrava i ja el tenim assegut devora mi, i hala conversa qui conversa de petites.» [1]

(Ellos eran de dos categorías: unos eran queridos y, los otros, enamorados. Para ser queridos, bastaba ir alguna vez a casa de la novia; y para ser enamorados le tenían que regalar una joya de oro, y luego ella les daba silla. Yo tenía tres enamorados. No cortejaba con los tres a la vez, sino uno tras otro. Uno esperaba afuera como un gato a un ratón. Y, cuando veía que el otro se iba, ¡zas!, entraba y enseguida lo tenía sentado a mi lado, y hala, habla que te habla de tonterías.)

Todo esto ha cambiado mucho en cuanto a las formas.

Las actitudes de ambigüedad que desde antiguo rodearon el galanteo en Mallorca propiciaban largos noviazgos:

El temps de festejar solia esser d'un a quatre anys. Si arribaven als deu anys, ja era molt de festejar i si les passaven ja se les tenia per grans festejadors. Una de les parelles més festejadores que crec hi ha hagudes i acabaren fa una cinquantena d'anys, quan ells en tenien passats els seixanta, varen esser els manacorins n'Aleix d'Alcudiarom i na Maria de Son Suau; un bon dia, diuen que ella li va dir: «Aleix i si ja heu deixàvem anar?; i ell li contestà: i, si tu heu trobes, ja està bé.» [2]

(El tiempo del cortejo solía ser de uno a cuatro años. Si llegaban a los diez años, ya era cortejar mucho y si se pasa-

---

[1] A. Galmés Riera, Op. cit., p. 177.

[2] A. Galmés Riera, Op. cit., p. 179.

ban ya se los tenía por grandes cortejadores. Una de las parejas más cortejadoras que creo que ha habido y acabaron hace cincuenta años, cuando ellos tenían pasados ya los sesenta, fueron los manacorenses Aleix d'Alcudiarom y Maria de Son Suau; un buen día, dicen que ella le dijo: «Aleix, ¿y si lo dejamos?»; y él contestó: «Y, si tú quieres, está bien».)

Como se ve, la decisión queda en manos de la mujer, y viene seguida de una aceptación sin peros.

El aprecio que se tiene en Mallorca por la madona tiene orígenes remotos. Según cuenta el historiador romano Diodoro Sículo[1], cuando los piratas apresaban a una mujer casada, los mallorquines la rescataban cambiándola por *cuatro hombres*.

La *madona* rescatada veía esto como normal, y no se conoce ningún caso en que se opusiera al canje.

---

[1] Diodoro Sículo, V, 16-18.
Coloma Blanes y otros, *Les illes a les fonts clàssiques,* Ed. M. Font, Palma, 1990, p. 33.

11. EL ORGULLO: «I ARA AQUEIX QUÈ SE CREU»*

Mallorca no es tierra que fabrique héroes, y los que tiene no son en absoluto ensalzados. Existe una frase, *«I ara aqueix què se creu»*, que pone de manifiesto ese desprecio, no exento de orgullo, hacia cualquiera que pretenda destacar. Un día de verano tuve ocasión de presenciar una escena reveladora: Estábamos un grupo de amigos comiendo en un restaurante de una conocida cala, en la costa norte, a la sombra de un cañizo. En una mesa vecina estaba el entonces ministro de defensa, Narcís Serra, que veranea en una casa próxima y es cliente habitual del restaurante. A los pocos minutos de irse el ministro vimos llegar una lancha a gran velocidad. Bajaron dos hombres apresurados que preguntaron por el Sr. Serra al dueño del restaurante. Éste contestó, con gesto interrogante, que no sabía nada y, cuando los motorizados estaban de nuevo en el mar, le comentó por lo bajo a su mujer: *«I ara aqueix què se creu, que perquè és ministre el tenim de conèixer...?»* [1]

Todo esto no impidió que al día siguiente, cuando volviera el ministro a comer, le agasajaran con esmero *(«li van fer molt de cas»).* [2]

---

* «¿Qué se habrá creído éste?»

[1] Y éste qué se ha creído, ¿que porque es ministro tenemos que conocerle?

[2] «Le hicieron mucho caso.»

La actitud ambigua y reservada hace pensar a menudo al forastero que el mallorquín es persona «cerrada», es decir, poco comunicativa. Pero ocurre que los códigos expresivos son distintos, y mientras el forastero no es capaz de interpretar las sutilezas del doble lenguaje, al mallorquín le resulta grosero el lenguaje directo de algún visitante (cuando hace preguntas que pueden ser interpretadas aquí como indiscretas), y casi nunca responde a satisfacción del interrogador.

La filosofía de la ambigüedad es contraria, por una parte, a todo lo que se define claramente, y, por otra, a todo lo que pueda sobresalir de la norma en cualquier sentido. Esto convierte al mallorquín en persona extraordinariamente discreta, es decir, poco amiga de las estridencias y de todo aquello que pueda llamar innecesariamente la atención. Raramente levanta la voz en un lugar público, y pocas ve-

«I ara aqueix què se creu...»

ces se pone en evidencia ni hace ostentación de lo que tiene o de lo que sabe. No está bien visto destacar, porque resultaría pretencioso. Por ejemplo, protestar públicamente es destacarse (*«I ara aqueix què vol»*)[1], hacer excesivas preguntas en una conferencia, declarar públicamente una opinión, y hasta ceder el asiento en el autobús o saludar, son cosas que a menudo se prefiere evitar por no ponerse en evidencia.

Es natural que esta actitud de discreción se interprete a veces como timidez o como falta de valor, pero explica que el indiscutible orgullo del mallorquín no se traduzca casi nunca en ostentación ni en chulería. Aun teniendo motivos de notoriedad, el mallorquín prefiere pasar inadvertido.

La discreción generalizada propicia sin embargo la aparición de excepciones; destacados personajes universales cuya fama trasciende todas las fronteras: desde filósofos como Ramon Llull hasta financieros como Juan March. Pero algunos de ellos permanecen aquí casi ignorados, a pesar de su relevancia mundial. En Felanitx, por ejemplo, cuenta la tradición oral que Cristóbal Colón nació allí, y en las calles del pueblo abundan los nombres relacionados con la expedición de 1492. Pero durante siglos nadie se ha preocupado de buscar argumentos para probar que Colón fuera felanitxer. Nunca he entendido este escaso empeño. (¿Quizás por no destacar?) Recientemente se ha publicado, por fin, un trabajo que sustenta la tesis de que Colón era hijo del Príncipe de Viana y de una *madò* Margalida Colom, de Felanitx. Pero yo creo que no habría hecho falta un estudio tan sesudo para defender que Colón era mallorquín, o, por lo menos, balear; existe un argumento matemático bastante simple: como es sabido, Cristóbal Colón (o Colom)

---

[1] «¿Y ahora qué querrá éste?»

tenía un hermano que se llamaba Bartolomé. ¿De dónde creen ustedes que pueden proceder dos hermanos que se llamen *Tòfol y Tomeu Colom*? ¿De verdad consideran probable que sean genoveses? El sentido común más elemental, y también la matemática estadística, nos permite afirmar que es improbable que sean de otro sitio: son mallorquines casi con seguridad.

La extrema discreción encierra un indudable orgullo, que se pone de manifiesto precisamente en el reproche sistemático *(«I ara aqueix què se creu»)* hacia todo aquel que pretenda destacar por encima de los demás.

Quizás la historia más reveladora del orgullo mallorquín es la del Cabo Gardner, ocurrida en Deià a mediados de los cincuenta. Cuentan que cierta noche de verano asistía Ava Gardner a una fiesta , y el encargado de mantener el orden a la entrada de la casa era un joven cabo de la Guardia Civil. Ava, cuyas veleidades en el terreno de la se-

....cuentan que cierta noche de verano...

ducción son conocidas, se encaprichó con el cabo, al que hizo repetidas proposiciones para que bailara con ella. El cabo, joven serio y disciplinado, se negó en redondo, alegando *«que estaba de servicio.»* Nadie sabe todavía si fue por disciplina, por timidez o, lo que es más probable, por orgullo *(«I ara aquesta què se creu, que perquè és n'Ava Gardner...»)*[1].

La peculiar entereza del cabo causó perplejidad entre los «forasteros» y extranjeros que asistían a la fiesta, pero despertó admiración entre los mallorquines de Deià, que desde entonces dejaron de llamarle Tomeu Rigo para concederle un título vitalicio ganado por méritos en combate: *Cabo Gardner*.

---

[1] «Y ahora ésta qué se ha creído, ¿que porque es Ava Gardner...?»

12. RESERVA Y DESCONFIANZA: EL «TALAIOT»

La mayoría de «forasteros» y extranjeros con los que he tenido ocasión de hablar coincide en definir al mallorquín medio como una persona reservada, desconfiada, conservadora, con un particular sentido del humor (para muchos inexistente), tolerante, sensual, discreta y de reacciones pausadas.

Comparto la opinión, también extendida, de que el mallorquín del siglo XX se diferencia notablemente, en cuanto a sus pautas de comportamiento y a su filosofía de vida, de sus dos últimos colonizadores, musulmanes andalusíes y catalanes. Aunque se pueda encontrar semejanzas con unos y otros, sabemos que el catalán tiene con frecuencia un talante claro y directo, toma decisiones con rapidez, es puntual, le gusta el trabajo, y es tan escrupuloso en el cumplimiento de sus compromisos como en la contabilidad de sus gastos. El andaluz en cambio manifiesta, en general, una muy notable riqueza expresiva en el uso del lenguaje, es perezoso, espontáneo, dicharachero, desprendido, y amante de los festejos. ¿Cuáles de estas virtudes o defectos comparte el mallorquín?

Sin duda hay opiniones varias, pero no resulta fácil apostar por una de estas dos opciones al completo, ni siquiera es fácil fabricar con estos mimbres una cesta mallorquina. El mallorquín tiene cosas que no pudo haber tomado, ni aun en otro momento de la historia, ni de moros ni de cristianos. El carácter del mallorquín es tan marcadamente peculiar, que su comportamiento sorprende y desconcierta con igual facilidad a catalanes y andaluces, y , si esto es cierto, parece sensato contemplar la posibilidad de que alguna de sus maneras de pensar y de ver el mundo hayan sido heredadas de épocas anteriores.

De las costumbres locales anteriores a los romanos, es decir, de épocas prehistóricas, nos queda sólo el testimonio de algunos objetos rudimentarios, y las ruinas de unos cuantos poblados formados por pequeñas celdas de piedra donde habitarían personas y animales. De entre estas construcciones pétreas sobresale una que podría encerrar la clave de alguna de las pautas de comportamiento que todavía hoy caracterizan a muchos mallorquines: se trata del *talaiot*. Esta palabra, *talaiot*, es un aumentativo de *talaia*, que significa torre de vigilancia o de defensa. El aumentativo es adecuado, porque el talayot es una torre chata y troncocónica, de tal solidez que resulta más ancha que alta, lo que la acerca más a la idea de pequeña fortaleza que a la de torre, sobre todo si tenemos en cuenta que sus paredes tienen a menudo un grosor que supera los tres metros y están hechas de piedras calizas de gran tamaño. En la época en que se construyeron estos artefactos —muchos de ellos siguen en pie—, los mallorquines eran famosos por su destreza en el manejo de las hondas, su principal arma. El im-

...eran famosos por su destreza en el manejo de las hondas...

pacto de una piedra lanzada por un hondero baleárico podía arrancar de cuajo la cabeza de un hombre, cosa que no conseguía ninguna de las armas ligeras de la época, ni siquiera las que pudiera manejar un soldado del ejército romano. Cuentan los historiadores romanos que los niños baleares no recibían su comida —colocada en la rama de un árbol— hasta que no acertaran a derribarla con la honda.

Si aceptamos la pericia de los hombres desnudos baleáricos para colocar el proyectil en una rebanada de pan, una fortaleza construida según las tipologías al uso en otros países no habría podido resistir el impacto simultáneo de las piedras lanzadas por veinte honderos apuntando a un mismo sitio. ¿Imaginan ustedes la solidez que debería tener una fortaleza capaz de resistir semejante alud? Hoy se podría pensar en un búnker de gruesas paredes de hormigón armado, pero en aquella época sólo había una solución: paredes de un extraordinario grosor (casi tan anchas como altas) para evitar el vuelco, construidas con piedras de gran tamaño para evitar su disgregación, y sin esquinas —o sea, de planta circular— para no ofrecer puntos débiles. Es decir, el talayot.

Hay quien ha tratado de dar al talayot una función ritual o funeraria, pero la costumbre de todos los caseríos o pueblos de Mallorca de disponer al menos de una torre defensiva es algo que ha perdurado hasta el siglo pasado, por lo que no hay motivos para pensar que no fuera también así en la antigüedad más remota.

Se sabe que, desde muy antiguo, los mallorquines tuvieron que defenderse de los piratas, razón por la que ningún pueblo de la isla se emplazó cerca del mar. Pero las torres de defensa medievales son mucho más vulnerables que un talayot, lo que resulta lógico, puesto que son suficientes incluso para resistir el impacto del proyectil de una carabina. Sin embargo, llama poderosamente la atención en el talayot, y lo diferencia de otras torres más modernas, su extraordinaria solidez. No es difícil imaginar la sensación de peligro que debía de invadir a los constructores de estos caparazones blindados, tortugas de piedra a las que se accedía a través de un estrecho pasadizo, cuando se decidían a iniciar la construcción de uno de ellos con las elementales técnicas de que disponían. Estas paredes eran innecesariamente gruesas para defenderse de los proyectiles convencionales, lanzas o flechas, que pudieran haber manejado griegos, romanos o fenicios, y la prueba está en que las murallas defensivas de todos ellos eran mucho más endebles, tenían esquinas, y casi nunca eran de planta circular.

Por tanto, y aceptando la función defensiva del talayot, la pregunta es: ¿Para defenderse de quién estaban hechas estas superfortalezas en las que apenas podía protegerse una veintena de personas?

La respuesta sólo puede ser una: de la devastadora lluvia de piedras capaces, cada una de ellas, de arrancar de cuajo una cabeza; de la permanente amenaza de los propios honderos mallorquines.

Esta terrible hipótesis no es en absoluto descabellada: en la antigüedad el territorio era la principal fuente de sustento, y en una isla era un bien limitado por el que era obligado competir. El enemigo más próximo no era pues el asaltante exterior —que por otra parte poco botín podría haber conseguido— sino el propio vecino.

Según los historiadores romanos (Estrabón, Tito Livio, Diodoro Sículo y otros), los honderos baleáricos eran extraordinariamente apreciados, no sólo por los romanos, sino por el ejército cartaginés, que los contrataba como mercenarios. Como es lógico, los honderos debían formar en vanguardia del ejército al inicio de la batalla, y así ocurrió durante las guerras púnicas que Roma libró contra Cartago en el siglo III antes de Cristo. Huelga describir el pedregoso preámbulo de una de aquellas batallas, y no es raro que aparecieran recelos entre los propios honderos, aun después de terminada la brega.

El clima de desconfianza, que en origen habría estado relacionado con algo tan básico como el instinto de supervivencia, podría haber marcado de raíz el carácter de la población, que se habría acostumbrado a estar a la defensiva, y a ser extremadamente prudente, desconfiada y reservada. La frase de uso corriente *«Estar detrás de la roca»*, a la que a menudo se añade *«A verlas venir»*, es aplicable a muchas formas de pensar y de hacer actuales, y se utiliza para expresar alguna de las actitudes de cautela, astucia, control y acecho del mallorquín moderno.

Esta actitud desconfiada no es tan acusada ni en Cataluña —a excepción de algunos payeses del Ampurdán— ni en Andalucía, pero hay quien ha tratado de explicarla como una reminiscencia musulmana. Es sabido que los moros tienen una enrevesada forma de expresarse que confunde al europeo, y que podría recordar en algo la críptica expresividad mallorquina, pero el recelo del europeo frente al moro podría estar justificado por la tendencia que algunos árabes han mostrado a tergiversar la realidad, cosa que no ocurre con el mallorquín, que opta con frecuencia por no decir, pero que prefiere siempre callar a mentir.

El recelo se traduce en una difícil solidaridad. Una de las diferencias básicas del mallorquín respecto al catalán es que éste acepta con agrado las manifestaciones gregarias: frases de propaganda como *«lluitem per...»* o *«treballem...»* o *«tots plegats...»* o *«som sis milions»* [1] a las que hay que reconocer la virtud de fomentar la solidaridad, re-

---

[1] «Luchemos por...» (...) «trabajemos...» (...) «todos juntos...» (...) «somos seis millones.»

sultan muy ajenas al mallorquín, que no se siente atraído por los programas de acción unitaria. La mayor concentración que se ha llevado a cabo en Mallorca en los últimos años es la conocida marcha *«a Lluc a peu»* con salida desde el bar Güell [1]. Se trata de una excursión nocturna a la que se acude sin más pretensión que la de disfrutar una noche de verano a la luz de las estrellas, pero que fracasaría rotundamente si se planteara con una finalidad concreta; de la misma manera que resulta impensable que un baile como la sardana, que incide también sobre la virtud de la solidaridad, llegue a enraizarse en Mallorca: nadie aceptaría la idea de un grupo de mallorquines formando corro cogidos de la mano, y dando pequeños saltos. Hay que reconocer un sentido de la elegancia al mallorquín, que rechaza

Baile mallorquín. Dibujo de Pedro Sureda.

---

[1] Lamentablemente, el bar Güell ha sido substituido por una oficina bancaria.

sistemáticamente cualquier componente sensiblera en sus manifestaciones culturales. Los bailes típicos mallorquines resultan mucho más vivos y refrescantes que *«la dansa més bella.»*

El antigregarismo del mallorquín puede pues interpretarse como un defecto —desista usted de organizar cualquier campaña por mucha razón que le asista— o como una virtud. En muchos pueblos de España o de Italia la gente saca en verano las sillas a la calle y se reúne formando corros de tertulia. En Mallorca también se sacan las sillas, pero casi nunca formando corro: cada familia coloca sus sillas frente a su propia casa, a menudo de espaldas a la calle (mirando hacia el interior de la casa), y por tanto alineadas con las del vecino, al que se saluda con cortas frases convencionales y correctas.

Naturalmente, la explicación del carácter reservado del mallorquín por el enrarecido ambiente que sin duda debió respirarse en algunos momentos de la época talayótica no tiene por qué ser compartida por los doctores en historia o en arqueología, que seguramente encontrarán todo esto falto de rigor, y es muy probable que pronto descubran algún indicio que lo desmienta.

13. LA ACTITUD VITAL: «TANMATEIX»

Decía Santiago Rusiñol en *La Isla de la Calma: «Aquí nadie protesta. Paz y más paz, y siempre paz. Están contentos y no quieren moverse.»*

La actitud calmada del mallorquín es quizá su característica más reconocida. Hay en esta isla una fuerte tendencia a que las cosas sigan su propio rumbo, a dejar para mañana, no hay prisas, el tiempo es un bien inagotable. Y todo para desesperación (y envidia) de visitantes puntuales.

Nada mejor para comprobar la elasticidad del tiempo que darse un paseo por la Ciudad Antigua de Palma. Esta ciudad mantenía sus murallas renacentistas completas al comenzar el siglo: cinco kilómetros del mejor estilo italiano rodeando una de las ciudades más extensas de la Europa medieval. Las murallas fueron demolidas a comienzos del siglo veinte y, después de dos mil años, Palma dejó de ser ciudad fortificada. Pero se percibe todavía esa sensación de quietud, de fortaleza inexpugnable bajo el sol mediterráneo, vigilada desde el aire por pequeñas bandadas de gaviotas que mezclan sus graznidos con las campanadas de algún convento de clausura. Las calles, umbrías como desfiladeros, dejan ver entre los aleros una cinta de azul intenso. Resuenan las pisadas y las voces, y son posibles los encuentros imprevistos, las miradas furtivas, las situaciones insólitas. El azar del laberinto nos envuelve, y nos libera del habitual secuestro (del tiempo y del espacio previsibles), haciendo posible el juego, el tiempo indefinido, la sorpresa permanente. Aquí pierde sentido hablar de hoy o de mañana. Existe el ahora, que se prolonga desde el día en que una cohorte legionaria de Roma desembarcó en la cala (que hoy se llama Passeig des Born), y ahuyentó a algunos honderos que plantaron cara.

Parecida sensación intemporal se tiene en cualquier otro sitio de la isla: en una pequeña carretera de montaña, bajo el sol tórrido y bajo el estruendo de las cigarras (el único sonido que consigue incrementar el silencio), o en las calles luminosas de cualquier pueblo a la hora de la siesta; en ésta, por ejemplo, de impecable limpieza, fachadas de elegante planitud, con persianas de librillo permanentemente cerradas (¿alguien abrió alguna alguna vez?), y otra vez el silencio ensordecedor, las marcas de identidad del laberinto hecho de tiempo detenido, que se extiende hasta los bancales de piedra gris y hasta los olivos retorcidos que permanecen ahí, centenarios e impertérritos, como si hubieran comprendido que es la quietud quien los mantiene.

Es la calma, la gracia que los dioses tienen reservada para esos lugares en que el menor movimiento, un mínimo gesto, corre el riesgo de romper el cristal del que están hechos los sueños. La calma que lo invade todo. Y también a las personas.

Se comprende que no es fácil para un apresurado visitante comprender. Pero por suerte existe un conjuro infalible que resuena silenciosamente en los campos de algarrobos, en los acantilados o bajo el mar, y que usted mismo (¡sí, usted!) puede aplicar sin esfuerzo, sin más que seguir esta sencilla ceremonia: póngase cómodo, entorne perezosamente los ojos, y entreabriendo los labios pronuncie lentamente la palabra talismán, la llave mágica que abre el tesoro de la no-acción:

«*t a n m a t e i x*»

Comprobará cómo un diligente mecanismo se dispara en su cerebro, y cómo un cosquilleo se extiende, poco a poco, a todas las partes de su cuerpo. Una irresistible sensación de euforia le invade; sus músculos, sus huesos, y sus neuronas experimentarán una particular forma de placer hasta ahora desconocida para usted, una sensación de flotación que le permitirá justificar su estado de gracia por encima de cualquier otra obligación menor. *«Tanmateix»* es una consigna de complicidad, es el más arraigado gesto solidario, el acuerdo secreto, la ley tácita que rige los destinos afortunados de la isla. *«Tanmateix... què hi hem de fer»* (que significa «de todas formas... no podemos hacer nada por evitarlo»), es la más clara herencia de la tradición musulmana que guía todavía muchas filosofías vitales en Mallorca.

... un cosquilleo se extiende, poco a poco, a todas las partes de su cuerpo...

Y no es raro que sea así en un sitio donde tradicionalmente hubo pocas cosas que mejorar. Cuando usted tenga que hacer una propuesta que necesite de la colaboración de otras personas, no olvide que por muy bien que la haya planeado, por sólidos argumentos que tenga para justificar la conveniencia de iniciar la acción, todo puede venirse abajo en unos segundos; exactamente los que alguien tarda en pronunciar la palabra que no admite contestación, la que precede siempre al silencio: *«tanmateix...»*

Pero recuerde también que cuando esté interesado en abortar un plan que considere poco recomendable o excesivamente trabajoso, no es necesario que se devane los sesos tratando de encontrar los argumentos lógicos para convencer a los demás: tranquilícese, limítese a dejar caer sus párpados (a media asta es lo adecuado), levante las cejas, y mueva lentamente la cabeza de un lado al otro, al tiempo que murmura *«tanmateix....»*

Observará un cambio inmediato en los semblantes de los demás, que se adornarán con una beatífica sonrisa. Significa que todos han comprendido: no hace falta preocuparse, no hace falta moverse, es más, ni siquiera es conveniente; puesto que el mundo va a seguir su curso hagamos lo que hagamos, aprovechemos este momento de disfrute que Dios (o ¿Alá?) nos envía. Calma por tanto, no se apresuren, que *«tanmateix»* no van a conseguir nada, y pueden en cambio perder mucho: nada menos que este *capfico* [1] improvisado, esta tertulia de café o este paseo al sol.

Y es que el mallorquín es maestro en transformar cada secuencia vital en una muestra de la deferencia que los dioses han tenido hacia nosotros, y está siempre dispuesto a agradecerles el privilegio de que nos dejen, día a día, rozar el Paraíso con la punta de los dedos. Aquí se entiende aquella sentencia de Oscar Wilde que los mallorquines practican desde mucho tiempo antes de que él naciera: *«La mejor manera de evitar la tentación es... ceder a ella.»*

---

[1] «Capfico»: chapuzón.

14. EL SENTIDO DEL HUMOR

Muchos antropólogos coinciden en afirmar que una de las cosas que mejor sirven para caracterizar una cultura es su sentido del humor. Filósofos como Bergson o psicólogos como Freud se han ocupado largamente del asunto, pero nadie ha explicado a las claras en qué consiste esto de que algo nos haga reír o sonreír.

Lo que sí está claro es que los chistes del semanario *The New Yorker* son genuinamente americanos, mientras los del humorista Forges son típicamente castellanos y los de Sempé, franceses. ¿Cuál es el tipo de humor específicamente mallorquín? Salta a la vista que, sea cual fuere, no coincide ni con el español, ni con el sajón, ni con el francés. Los mallorquines que han tenido un contacto más o menos intenso con esas áreas culturales pueden, como es lógico, participar y disfrutar del humor de aquellos países, pero muchos de los mallorquines que han permanecido en su ámbito cultural son con frecuencia inmunes al sentido del humor al uso en otras zonas de España o de Europa. La mayoría de forasteros o extranjeros a los que he preguntado acerca del sentido del humor del mallorquín han contestado sin titubeo: «No tienen». Pero no es cierto que no lo tengan; lo que ocurre es que no coincide con el suyo. Y esto resulta difícil de entender a los foráneos, porque el sentido del humor en los distintos países de Europa o de América tiene bastantes claves en común, que lo hacen comprensible de un país a otro: usted puede contar un chiste clásico español o francés a un italiano, y éste quizás lo interprete a su manera, pero se reirá.

No le ocurrirá lo mismo en Mallorca, donde las claves del humor son marcadamente distintas, y a menudo puede usted ahorrarse el trabajo de contar según qué chistes, que en absoluto serán interpretados como usted prevé, y puede evitarse el mal trago de quedarse con la sonrisa en los labios mientras varios pares de ojos interrogantes le contemplan en silencio.

Hace pocos meses tuve ocasión de asistir a una charla del famoso humorista vasco Chumy Chumez, que habló del humor surrealista español de los años treinta y cuarenta. Contó cuatro o cinco chistes cuidadosamente elegidos, de los que recuerdo éste (se trataba de un chiste con dibujo, publicado en el semanario La Codorniz): En la viñeta aparecía un anciano sentado en una butaca, escuchando la radio —sonriente, ojos cerrados—, acompañado por dos niños que comentaban: «Menos mal que el abuelo está sordo, y no se da cuenta de que la radio no funciona, ¡con lo que le gusta a él oírla!» El silencio con el que el público acogió el chiste no impidió que Chumy continuara con otros de parecida finura, que cayeron asimismo en saco roto.

El humor mallorquín no va desde luego por esos derroteros, y hay que decir que no abundan aquí ni las personas chistosas ni los humoristas de fama. Y esto es así, seguramente, porque el mallorquín utiliza otros instrumentos para desarrollar su humor, que está mucho mas ligado a vivencias cotidianas que a la intención de envasarlo en chistes o en tiras cómicas.

Uno de los humoristas quizás más representativo de ese humor mallorquín, y que se atrevió a plasmarlo en chistes con dibujo, fue el pintor Pere Sureda. Su personaje más conocido era «Calafat», un payés del *pla*[1], y reflejaba las acti-

---

[1] El llano.

tudes del personaje y de sus amigos —«en Galiana, madò Garumbau»— ante la incipiente revolución social que supuso la llegada del turismo masivo en los años sesenta. Pero casi nunca la estructura del chiste respondía a la clásica, con desenlace sorpresivo: la gracia había que verla en la situación en sí, o en giros expresivos del lenguaje.

Tampoco es casual que el personaje cómico elegido fuera precisamente un mallorquín de la tierra. Es algo que no ocurriría en otros sitios, donde se tiende a dramatizar con exagerada seriedad las cuestiones relacionadas con los orígenes. Y es que el mallorquín está a menudo dispuesto a reírse de sí mismo, pero lo hace utilizando sus propias claves, el código secreto que permite al isleño sentirse solidario, y que es absolutamente incomprensible al forastero.

Se trata de una clave visceral, profunda, que afecta más a lo instintivo que a lo racional, y, cuando aparece, lo hace con una potencia inusitada y con una irresistible frescura. Atiende más a las sensaciones o los gestos que al discurso de las ideas, y podría decirse que su estructura no es lineal, o secuencial, sino sintética: un pequeño ademán, una expresión adecuadamente entonada y que sugiere alguna actitud lateral u oculta, puede desencadenar la risa desatada, sin que el británico o el español de turno sean capaces de comprender. La extraordinaria riqueza fonética y expresiva del habla popular mallorquina—que hoy está siendo sustituida por un catalán plano y racional— permite estas digresiones del lenguaje, que acumula una gran cantidad de significados marginales. Estos matices no son susceptibles de ser expresados por escrito, puesto que se echaría en falta lo imprescindible: la capacidad expresiva de las entonaciones, las miradas, las actitudes, o los gestos [1].

---

[1] Las *rondaies,* relatos de la vida cotidiana que se han mantenido por transmisión oral, contienen muchas de las claves del humor mallor-

Me atrevería a conjeturar que el humor mallorquín es uno de los puntos de complicidad más acusados, quizás el único, para los habitantes de la isla. El permanente guiño, frente al histórico invasor, produce a veces la impresión de que el mallorquín moderno es heredero de una cultura muy antigua, y extremadamente ensimismada, en la que no hi-

S'ELECCIÓ DE «MISS MUNDO»
—¡No, madò Garumbau! Mentres i tant no sapigueu posar sa cameta així, no podreu prendre part a cap concurs de bellesa![2]

---

quín, y han alcanzado una mayor difusión popular cuando se han editado en cintas magnetofónicas puesto que sólo así se transmitía su completo significado.

[2] LA ELECCIÓN DE «MISS MUNDO»

—¡No, *madò* Garumbau! ¡Mientras no sepa poner la pierna así, no podrá tomar parte en ningún concurso de belleza!

(De Pere Sureda, publicado hacia 1960 en el diario *Baleares).*

cieron mella ni tirios ni troyanos. Y es tal vez ese sentido del humor, primitivo y visceral, la grieta por la que más rápidamente se puede retroceder en el tiempo de la historia; el camino más directo a los orígenes. ¿No es ahí donde el mallorquín se encuentra consigo mismo, por encima de las apariencias o disimulos que la cultura de turno impone? ¿No es en el ejercicio de ese humor donde el mallorquín ha creado un código propio, capaz de sobrevivir a la imposición ideológica y lingüística de cualquier dominador?

15. «HE SENTIT DIR...»*

«Dicen (lo cual es improbable)...»
(J.L. Borges)

El chismorreo ha sido injustamente denostado. Antes de Homero —y en muchos sitios también después— el chismorreo (o sea, el comentario de los asuntos privados —reales o imaginados— de los demás) ha sido para los países mediterráneos la principal forma de transmisión de los hábitos y costumbres. ¿Qué era el atardecer en el ágora de Miletos sino un gran mercado de chismes?

En Mallorca el cotilleo (chafardeo, chismorreo) se puede clasificar en dos categorías: el que relata cosas reales, y el que no. El que responde a la verdad no implica más que repetición de los hechos, no incluye imaginación, y es el menos frecuente. El otro, más corriente, deja —como mínimo— entrever alguna aviesa connotación que sugiere un juicio descalificador. Esta segunda opción es perversa, pero incluye un acto de creación y, cuando el chisme es pura invención, puede resultar maligno, aspira a la categoría de fábula, y contribuye a conformar el mundo mágico.

Cuando usted oiga la frase *«He sentit dir...»* («He oído decir...»), prepárese a escuchar un chafardeo más o menos apetitoso. Y si al terminar hace usted la pregunta *«¿I qui*

---

* «He oído decir...»

t'ho ha dit, això?»(«¿Y quién te lo ha dicho?»), no se sorprenda si la respuesta es exquisitamente discreta: *«No..., diuen...»* («Bueno..., dicen...»).Pero la reticencia a desvelar el origen de la información no siempre responde a una actitud de diplomacia; puede deberse a otras cuestiones:

A menudo no se puede facilitar la fuente de información porque la historia original ya ha sido «perfeccionada» por su interlocutor, que podría quedar en evidencia si desvelara la supuesta procedencia. Otras veces no se quiere dar la fuente por la sencilla razón de que toda información es, por norma y por si acaso, celosamente retenida.

Pero también puede ocurrir que el aparente chisme, que en principio es una información que usted recibe, no sea tal, sino que se trate de un *chisme-sonda*, lanzado precisamente con la intención contraria, es decir, la de obtener de usted alguna información sobre el asunto. A menudo esta táctica se emplea cuando la información le involucra a usted mismo:

«He sentit dir que t'has comprat una finqueta per cala s'Amonia...» («He oído decir que te has comprado una finquita por cala s'Amonia...»).

(Se trata naturalmente de saber si tiene usted alguna intención en ese sentido). O bien:

«M'han dit que sa teva filla festeja amb un homo que...» («Me han dicho que tu hija sale con un chico que...»).

En estos casos no conviene dejarse sorprender, y lo habitual es contestar con alguna evasiva si —como es corriente— no interesa dar la información:

—*¿Una finca...? ¿Jo...? ¡Saps que en diuen de coses!*

(¿Una finca? ¿Yo? ¡Se cuentan muchas cosas!)

O bien:

—*¿Sa meva filla...? ¿Festejar...? ¡Figura't!*
(¿Mi hija? ¿Con un chico? ¡Figúrate!)

Del chismorreo falso —el que no relata una realidad— fueron surgiendo poco a poco los mitos, que explicaban el mundo de una manera visceral y directa —y por tanto más auténtica—, y más tarde la literatura, que se reconocía como pura invención.

Escribía Nietzsche, hablando de la Grecia presocrática: *«En los cultos de Démeter existía la autorización para que todo el mundo descargase en palabras cuanto en su naturaleza había de envidia, maldad, agresividad y espíritu de burla. En esos momentos salía al exterior todo lo que de ordinario se calla (...)* [1]*.»*

«He sentit dir...»

[1] F. Nietzsche, *Estudios sobre Grecia,* Ed. Aguilar, 1968, p. 186.

No es raro que las cualidades básicas del buen chismoso —envidia, agresividad, maldad, espíritu burlón— se elevaran a culto desde antiguo, puesto que permiten liberar las fuerzas dionisíacas, que alimentan cualquier actividad creadora. Estos ritos iban generalmente acompañados de una música rítmica y repetitiva, y todavía podemos presenciarlos en algunos sitios del Mediterráneo. En Mallorca, por ejemplo, en la noche del diecisiete de enero, se encienden hogueras en las calles y plazas de algunos pueblos, y las *Démeter-madonas* compiten junto al fuego, improvisando versos-burla que cantan al son monótono de las zambombas, azuzadas por hombres-comparsa. La mitología cristiana ha sustituido en este caso a Démeter, diosa de la fecundidad, por San Antonio, protector de los animales, pero se mantiene el espíritu y la forma del rito primitivo.

Esta reminiscencia ancestral puede parecer anecdótica, pero todavía recuerdo cómo, a comienzos de los años cincuenta, un librero de la Plaza de Cort, en Palma, se asombraba de que una mujer acudiera a comprar libros habitualmente. La forma oral era todavía la preferida por la mayoría de mujeres para transmitir las tradiciones a sus hijos, y no es de extrañar por tanto que el cotilleo, como sin duda ocurría en la Grecia clásica, fuera el campo de aprendizaje de las reglas sociales y de su transgresión.

El *cotilleo-verité* (que se limita a relatar la realidad) está siendo hoy sustituido por los medios de comunicación y sus *reality-show,* pero la otra forma, la que incluye imaginación, invención y fábula, sigue vigente.

Y éste es también asunto que suele confundir a muchos forasteros, que consideran al mallorquín criticón e hipócrita, porque creen que el cotilleo es exclusivamente una forma de relatar los hechos objetivos y olvidan —o desconocen— que en Mallorca es con frecuencia utilizado, en su vertiente mágica, para la creación de mitos. Y la prueba está en que a menudo los chismes son atribuidos a personas o lugares distintos, dependiendo de quién, cuándo, y ante quién se cuentan, y pueden presentar variantes que enriquecen o contradicen la versión original.

La explicación es razonable: puesto que lo principal no son los protagonistas —sino los hechos, la epopeya—, los actores y escenarios se eligen en función de su adecuación al guión, y pueden variar a medida que la historia evoluciona y se perfecciona de boca en boca.

Me contaron una vez que un conocido abogado fue avisado de que su esposa, que había salido de viaje con una amiga, estaba en realidad en un romántico hotelito de la isla, acompañada de su amante. Corrió el agraviado marido hasta el hotel, llamó repetidas veces a la puerta de la habitación sin obtener respuesta, y optó por derribarla, irrumpiendo en el dormitorio con malos modos. La *madona,* que se había encargado ella misma de difundir previamente el rumor entre sus pérfidas amigas y estaba sola en el cuarto, saltó indignada de la cama y, explicando que necesitaba aislarse durante unos días, expulsó a empellones al atónito marido, que le pidió perdón y emprendió, confuso pero aliviado, el camino de vuelta a casa. La *madona* entretanto hizo su maleta y se trasladó tranquilamente a la habitación contigua, donde le esperaba su amante.

La misma historia me fue relatada semanas después desmintiendo la versión anterior: no fue el marido el agraviado, sino la esposa, que acudió al hotel alertada de la traición. Acercóse al dormitorio, consiguió de la señora de la limpieza que le abriera suavemente la puerta, y se quedó pasmada al ver... (añadan aquí ustedes mismos el final que más les guste).

El chismorreo está en la raíz de todas las mitologías mediterráneas, y su razón de ser no es tanto el mero intercambio de información, cuanto la enseñanza, acompañada de placer estético, que de él se obtiene. ¿Qué es la *Teogonía* de Hesíodo sino una culebrónica sucesión de chafardeos protagonizados por los dioses del Olimpo? El mito, una vez lanzado al conocimiento popular, ejerce una función didáctica sean cuales fueren sus protagonistas, y ésta es la razón por la que el mallorquín, acostumbrado a oír fabulaciones, lleva a cabo una reinterpretación automática del chisme, y lo clasifica a menudo en la casilla de los mitos sin darle mayor importancia.

Pero no ocurre así con algún desconcertado forastero, empeñado en interpretar literalmente los relatos, y empeñado en creer a pies juntillas que los protagonistas reales de la historia son los personajes de la fábula.

16. «PASSAR PENA»

«Passar pena», que significa estar preocupado por algo que está ocurriendo o que podría ocurrir, es en Mallorca una arraigada tradición: pasan pena los maridos porque la madona está disgustada, pasa pena la madona porque los *al·lots* (los niños) se retrasan, y pasan pena los al·lots porque la madona pasa pena.

A quien tenga una visión superficial de las costumbres mallorquinas puede parecerle que esta actitud sufridora implica una componente masoquista en el carácter de la gente. Nada más alejado de la realidad. Es sabido que el sufrimiento constituye a menudo un contrapunto necesario del placer; un mundo permanentemente feliz acabaría por ser aburrido —así el cielo—, y ni siquiera sería feliz. Para evitar este bucle paradójico y disfrutar del verdadero placer de vivir, el mallorquín no ha olvidado pertrecharse del adecuado contraplacer, y, de la misma manera que el héroe necesita del «malo» para que resalten sus virtudes, aquí el gusto por la vida se refuerza día a día con el *passar pena*. Si no existiera el *passar pena* no existiría el *passar gust*[1], que es de lo que se trata.

Si el *tanmateix* es una herencia clara del fatalismo coránico que permite y justifica el disfrute inmediato, el *passar pena* es el contrapeso de la herencia judeo-cristiana que sirve, primero, para mejor saborear lo bien que uno se en-

---

1 «Disfrutar».

cuentra después de pasar pena, y, segundo, para tranquilizar nuestra conciencia y poder seguir disfrutando. La cosa es más o menos así: paso pena porque en vez de estar aquí, disfrutando, debería estar haciendo esto y lo otro, pero, pasando pena, purgo ya mi culpa, lo que me permite seguir aquí, disfrutando, y así sucesivamente.

Es frecuente, por ejemplo, oír decir a una mujer que está participando de una apetitosa tertulia: *«Ara pas pena perquè...»*, y continuar charlando tranquilamente.

De modo que el *tanmateix* (Alá) y el *passar pena* (Jehová) forman un sistema inseparable de dos polos contrapuestos que se necesitan, se complementan, y se potencian mutuamente, para mayor gloria del bien vivir. Pocas veces puede reconocerse en una cultura un más sabio aprovechamiento de dos raíces históricas aparentemente contrapuestas.

—Ara pas pena perquè...

Mi buen amigo A. A. tiene tres cuñadas que son reconocidas «pasadoras de pena» y un día, cansado de oír sus interminables lamentos, les reprochó: *¡És que vosaltres* *sembla que passau gust de passar pena!* (Vosotras parece que «pasáis gusto» de «pasar pena»). Y dio en el clavo: puesto que *tanmateix* no podemos hacer nada por cambiar las cosas..., disfrutémoslas como vienen, y sólo nos queda esperar —pasando pena— que Dios (¡oh Alá!) nos proteja.

Esta afición a pasar pena, que no es —como se ve— masoquista, sino hedonista (hay quien pontifica que el sentimiento de pecado incrementa el placer), se manifiesta también en la especial relación que el mallorquín establece con todo lo que rodea a la muerte. No puede decirse que el mallorquín disfrute, en general, de un arraigado sentimiento religioso, pero me atrevería a asegurar que siente por la muerte una misteriosa fascinación. Me contaba una querida amiga mallorquina que la página que más le atrae de la prensa local es la de las esquelas, y lo mismo ocurre con sus compañeras de trabajo. Muchas señoras de Palma acuden cada mañana al quiosco para informarse... de las defunciones del día.

El interés por la muerte se pone también de manifiesto en el poder de convocatoria que en Mallorca tienen los funerales, que constituyen actos sociales de primer orden. En ellos se puede disfrutar solidariamente de pasar pena, y por tanto de *passar gust («És s'altre es qui és mort, i jo som viu»).*[1]

El acudir con alta frecuencia a los funerales es síntoma de consideración social *(«Té molts de coneguts»)*[2], y el conseguir una «buena entrada» es un índice de *status* para el muerto, que compite irremediablemente con los que le precedieron y con los que le seguirán. Muchas personas estiman que asistir a un funeral una vez por semana es lo co-

---

[1] El muerto es el otro, y yo estoy vivo.

[2] Tiene muchos conocidos.

rrecto, y, si la frecuencia es menor, puede inducirse la sospecha de no estar adecuadamente posicionado en sociedad.

Si desea usted asistir a un funeral no es necesario que el muerto sea persona conocida, y ni siquiera próxima: es suficiente que atisbe la posibilidad de dar el pésame a algún conocido, que a su vez sea familiar lejano del extinto. Otras veces se acude por el simple hecho de tener alguna referencia acerca del difunto —es decir, haber oído hablar de él alguna vez—, y en la seguridad de que en el acto se coincidirá con otros amigos o conocidos con los que se tendrá ocasión de comentar asuntos de la vida privada del muerto —o de otros vivos—, que no habían quedado del todo claros en el último funeral, o que no habría sido correcto analizar en vida.

Los funerales son probablemente los ritos en los que se produce un mayor intercambio de información —real o no— sobre la vida terrenal, sin duda bajo el estímulo de la magia trascendente del más allá.

El simple hecho de saber que va a celebrarse un funeral (de fulanito, a tal hora, en tal iglesia) es ya una información valiosa. Me contaba una amiga forastera, la señora R. S., que estando una tarde de verano tomando un refresco con tres amigas en la terraza del Bar Moderno, en Palma, se despidió de ellas diciendo que debía asistir a las siete al funeral de mengano, en San Jaime. Ninguna de las tres hizo gesto ni comentario alguno, pero cuando la señora R. S. llegó a la iglesia se las encontró a las tres allí, departiendo amigablemente con la concurrencia.

Algunas veces se ha utilizado también el rito social que acompaña a la muerte como una forma simbólica de venganza. Mi amigo M. B., un conocido *felanitxer* casado con una madrileña, tuvo que pasar en cierta ocasión por el amargo trance de ser abandonado por su esposa. Ante la perspectiva de regresar a su pueblo cabizbajo, y tener que soportar la sorna pública, decidió buscarse una salida digna: se dirigió al diario local, donde encargó una esquela de la mayor talla, y de allí a la iglesia, para contratar un funeral de postín. Asistió al acto el pueblo entero y, respetando protocolo, mi amigo recibió —con rostro lloroso y uno por uno—, el pésame de todos los asistentes. El llenazo fue tal que nadie advirtió la escasa asistencia de familiares de la difunta, y el doliente viudo guardó luto riguroso durante meses.

El azar quiso que la falsa muerta fuera vista años después en la cercana playa de Portocolom, causando el natural revuelo. Para entonces el falso viudo había dejado ya de serlo, casando esta vez con una vecina, pero no pudo evitar ser blanco de toda clase de rumores acerca de si la primera esposa estaba viva o muerta (y, si muerta, matada o no) y, lo peor, tuvo que soportar de por vida los reproches de su tía: *«Ja t'ho vaig dir, que no et casassis amb una forastera; me vas fer passar una penada. ¡Una mallorquina mai no t'ho hauria fet, això!»* (Ya te dije que no te casaras con una forastera; me hiciste pasar «una penada». ¡Una mallorquina nunca te hubiera hecho esto!)

Y una última precisión: si oye decir *«Estic passant pena per...»* ya sabe usted que quien lo diga no padece un sufrimiento real, sino que se trata de un simple reconocimiento de culpa que es sobre todo útil para seguir disfrutando. No debe, por tanto, preocuparse. Pero si alguien le dice: *«No passi pena... (que estarà llest, que li tendré acabat* [1], etc.)», si oye *«No passi pena...»*, esté atento, porque es entonces cuando debe empezar a preocuparse.

---

[1] No se preocupe, que estará listo, que lo tendré terminado.

—¿Forastero... YO?